U0491121

DK 儿童探索百科丛书

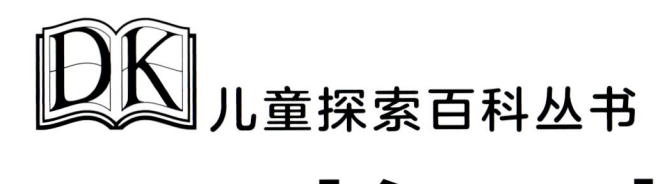

埃及艳后

——埃及最后法老的传奇人生

克里奥佩特拉赐给她的一位忠实臣民一条金项链

尤利乌斯·凯撒的雕像

安东尼在塔色斯（今土耳其南部城市）召见克里奥佩特拉

一只绘有千花图案的玻璃酒杯

克里奥佩特拉的弟弟掌握了政权

带有丰饶角（象征着丰收和富饶）图案的钱币

工匠们在建造克里奥佩特拉的宏伟壮丽的陵墓

DK 儿童探索百科丛书

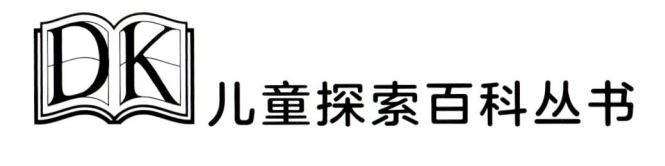

埃及艳后

——埃及最后法老的传奇人生

[英] 菲奥娜·麦克唐纳 著
[英] 克里斯·莫兰 绘
杨 静 译

四川科学技术出版社

图书在版编目（CIP）数据

埃及艳后：埃及最后法老的传奇人生 /（英）菲奥娜·麦克唐纳著；（英）克里斯·莫兰绘；杨静译. -- 成都：四川科学技术出版社，2017.12
（DK儿童探索百科丛书）
ISBN 978-7-5364-8886-1

Ⅰ.①埃… Ⅱ.①菲… ②克… ③杨… Ⅲ.①克利奥帕特拉七世（Kleopatra Ⅶ 前69-前30）- 传记 - 儿童读物 Ⅳ.① K834.117=2

中国版本图书馆CIP数据核字（2017）第300848号

著作权合同登记图进字 21-2017-656 号

埃及艳后——埃及最后法老的传奇人生
AIJI YANHOU
——AIJI ZUIHOU FALAO DE CHUANQI RENSHENG

出品人	钱丹凝
著 者	[英] 菲奥娜·麦克唐纳
绘 者	[英] 克里斯·莫兰
译 者	杨静
责任编辑	何晓霞　李珉
特约编辑	王冠中　米琳　李香丽　房艳春
装帧设计	刘宝朋　张永俊　刘朋
责任出版	欧晓春
出版发行	四川科学技术出版社
	成都市槐树街2号 邮政编码：610031
	官方微博：http://weibo.com/sckjcbs
	官方微信公众号：sckjcbs
	传真：028-87734037
成品尺寸	216mm×276mm
印 张	3
字 数	48千
印 刷	北京华联印刷有限公司
版次/印次	2018年1月第1版 / 2018年1月第1次印刷
定 价	45.00元

ISBN 978-7-5364-8886-1

本社发行部邮购组地址：四川省成都市槐树街2号
电话：028-87734035　邮政编码：610031
版权所有　翻印必究

DK Penguin Random House

A WORLD OF IDEAS:
SEE ALL THERE IS TO KNOW
www.dk.com

Original Title: DK Discoveries: Cleopatra
Copyright © 1998, 2003 Dorling Kindersley Limited
A Penguin Random House Company

致 谢

The publisher would like to thank: Rachel Hilford, Sally Hamilton and Diane Legrande for picture research; Selina Wood for editorial help; David Gillingwater for early visuals; and Chris Bernstein for the index.

The publisher would like to thank the following for their kind permission to reproduce their photographs:
a=above; b=below; c=centre; l=left; r=right; t=top

AKG London: 15tr, 32-33; Cameraphoto, State Art Museum, Bucharest: Cleopatra Dissolves the Pearl Anton Schoonyans 29tr; Erich Lessing 36cl. Ancient Art & Architecture Collection: 23br, 41cb, 42tr; Dr. S. Coyne 4tl; G. T. Garvey 13cr;
Ronald Sheridan 4tl, 29cr, 37tl. Dr Sally-Ann Ashton: 11tr. Bildarchiv Preu © ischer Kulturbesitz: Antikenmuseum: Johannes Laurentius 9. Bridgeman Art Library,
London/New York: Antony and Cleopatra Sir Lawrence Alma-Tadema 43tr; Louvre, France: Cleopatra Disembarking at Tarsus Claude Lorrain 26tl. British Museum, London: 15cr, 16cla, 16cl, 16t, 17tc, 21tr, 22bl, 29br, 31cra, 31crb, 33tl,
37cr, 41cbl. Mary Evans Picture Library: 2-3, 21b, 39br, 43tl. Werner Forman Archive: British Museum 40tr; Private Collection 17tr. Ronald Grant Archive: Carry on Cleo 1963 © EMI/Peter Roger's Production 43cr; Cleopatra 1963 © Twentieth Century Fox 20tr, 43bl. Performing Arts Library: Fritz Curzon 43br. Popperfoto: 42br. Scala Group S.p.A.: Arte romana Vaticano Cortile delle Corazze 0tl;
Vaticano Museo Gregoriano Egizio 37cla. Science Museum: 10br, 41cr.
Jacket: Ancient Art & Architecture Collection: front cl. Bildarchiv Preu © ischer Kulturbesitz, Berlin 2000: Antikenmuseum: Johannes Laurentius front cll.
Scala Group S.p.A.: Vaticano Museo Gregoriano Egizio back cr.

目录

2　克里奥佩特拉时期的埃及

4　战乱中的家族

6　太阳神的女儿

8　少女时代的女王

10　克里奥佩特拉统治下的埃及

12　逃亡

14　天资聪慧、美丽迷人

16　王室美女

19　强大的保护神

20　来到凯撒的故乡——罗马

22　埃及内乱

24　气派非凡而来

28　安东尼与克里奥佩特拉

30　王中之伟后

32　与罗马开战

34　亚克兴角之战

36　失败与耻辱

38　克里奥佩特拉之死

40　克里奥佩特拉时代过后

42　克里奥佩特拉的故事——事实与虚构交织

克里奥佩特拉时期的埃及

在超过3 000年的时间里,埃及作为一个美丽富饶的文明古国一直闻名于世,鼎盛不衰。到公元前69年,当克里奥佩特拉七世出生时,埃及开始走向没落。那时,这个国家由一个家族的法老统治着,他们都叫托勒密。这些法老是公元前323年从马其顿来到埃及的。这时的埃及,还面临着有可能被强大的竞争对手——罗马颠覆的危险。最初,托勒密王朝的统治还不错,但是他们的后代,包括克里奥佩特拉的父亲在内,都软弱无能,甚至相当愚蠢。克里奥佩特拉面临的是一个风雨飘摇、动荡不安的未来,但是克里奥佩特拉却出人意料地成为一个勇往直前、有着过人勇气的女王,而且还成为至今都举世闻名的女性之一。

哈罗德·奥克利所绘的这幅水彩灯塔图,是以19世纪晚期重建的法罗斯岛灯塔为蓝本的。

亚历山大港,是地中海沿岸一个繁华的港口,也是亚里奥佩特拉的故乡。早期的托勒密王朝鼓励人们崇信科学、学习艺术和开展贸易,并且把很多新思想、新发明引进到古代埃及来

法罗斯灯塔(亚历山大灯塔)是世界上第一座灯塔。它大约建于公元前280年,在14世纪时毁于一场地震。今天,它已成为世界七大古代奇迹之一,并且永远被人们铭记

战乱中的家族

从很小的时候，克里奥佩特拉就知道，她的家族一直处于战乱之中——在和她这个家族所统治的臣民开战的同时，家族内部也是纷争不断。臣民们在克里奥佩特拉的父亲——托勒密十二世的残酷统治下受尽折磨，并且他们也对他与罗马帝国相勾结而表示强烈的不满。公元前58年，亚历山大港的市民发动了暴乱，最终把托勒密家族赶出了埃及。托勒密十二世逃到了罗马，克里奥佩特拉的姐姐柏伦尼斯四世成了埃及的女王。公元前55年，托勒密十二世回到了埃及，在罗马大将军庞培的帮助下，他从柏伦尼斯四世手中抢回了王位，再次成为埃及的法老。托勒密十二世还下令处死了柏伦尼斯四世。

庞培大将军

庞培（公元前106—前48年）是其时代最杰出的将领之一。他希望借支持托勒密十二世来增强罗马在埃及的统治。

王权之争

托勒密十二世所有的孩子都垂涎于王位，因此他们之间勾心斗角。公元前58年至前55年，克里奥佩特拉的大姐柏伦尼斯四世在位。克里奥佩特拉的另一个姐姐特里菲娜在此期间神秘死亡，传说是柏伦尼斯四世害死了她。

克里奥佩特拉七世

14岁的克里奥佩特拉七世，亲眼目睹其父的逃亡及其家人惨遭杀戮的情景，她不得不担忧自己还能在世上活多久。

托勒密十二世

公元前80年至前58年及公元前55年至前51年，托勒密十二世是在位的法老。他的臣民对他极端仇恨，因为他大量征收苛捐杂税，并且把收敛来的钱财送往罗马。他之所以这样做，是期望与古罗马统治者们交好，以使他们不来侵犯。

托勒密十三世　托勒密十四世　柏伦尼斯　特里菲娜　阿西诺

克里奥佩特拉的兄弟们

克里奥佩特拉有两个弟弟，按照家族的习惯，他们都叫托勒密。作为托勒密十三世和十四世，他们都将成为埃及的统治者。

克里奥佩特拉的姐妹们

托勒密十二世有四个女儿，克里奥佩特拉的姐妹们分别叫作柏伦尼斯四世、克里奥佩特拉·特里菲娜六世以及阿西诺四世。到公元前55年的时候，克里奥佩特拉的姐妹中只有她和妹妹阿西诺幸存了下来。

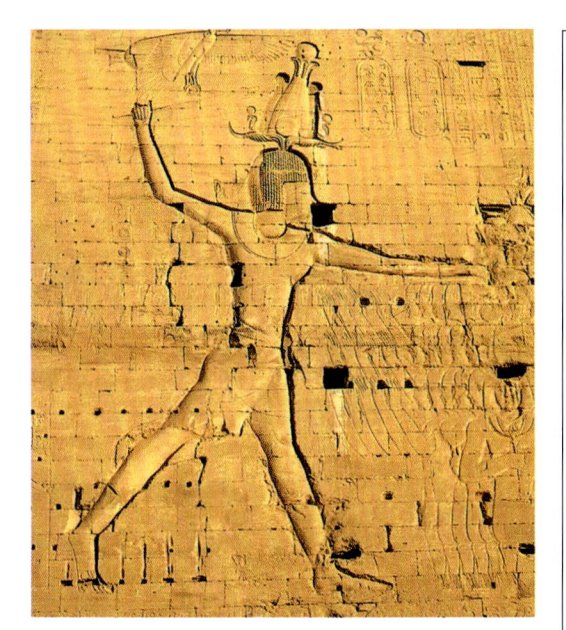

托勒密十二世的浮雕

托勒密家族花钱请人把他们的肖像按古埃及的风格雕刻下来,尽管他们是来自希腊北部的马其顿人,但他们希望,借此把自己和埃及历史上伟大的法老联系在一起。这幅位于古埃及太阳神霍拉斯的神庙里的托勒密十二世浮雕,表现的是他征服敌人的场面。

权势的象征

克里奥佩特拉的家人,即托勒密家族,把很多新东西引入埃及,给埃及带来了很大的变化。其中最重大的变化,是货币在贸易中的使用。在此之前,埃及人对货币几乎一无所知,埃及人的贸易方式是以物易物。货币的引进还带有一定的政治意义:货币上,托勒密家族的形象显示着他们的富有和尊贵。

这枚硬币上美丽的雕像是王后柏伦尼斯二世,也是托勒密三世的妹妹和妻子

这枚硬币上的丰饶角图案,象征着财富与繁荣。在丰饶角的周围环绕着丰收的水果与谷物

古罗马

当托勒密家族不得不面对埃及内部的各种问题时,古罗马却在日益强大,领土不断扩张。到公元前55年的时候,古罗马军队已经征服了欧洲北部、南部,非洲北部及中东地区。

古罗马军队是一部很难对付的战争机器,成千上万训练有素的古罗马士兵,为古罗马扩张疆土而南征北战

尼罗河三角洲地带一马平川,高大的灯塔指引着船队进入亚历山大港

亚历山大港是地中海沿岸一座繁华的港口城市。古罗马的统治者依靠埃及为其提供粮食及食品供给

尼罗河三角洲

法国

罗马
意大利
希腊
亚克兴角

西班牙

地中海

亚历山大港

埃及

公元前200年至前55年,古罗马的疆土得以迅猛扩展,以至于他们不得不依靠傀儡国王替他们统治被征服的国家

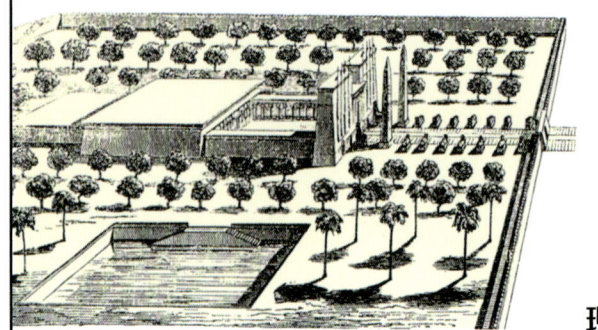

太阳神的女儿

现在，克里奥佩特拉是托勒密十二世幸存下来的孩子中年龄最大的一个。一旦她的父亲死去，她将成为埃及的新王后——她的弟弟托勒密十三世的妻子。这既令人兴奋，又令人胆寒。她清楚地记得，她的姐姐们是如何死去的，所以，她害怕有一天，她的敌人会把她也杀掉。克里奥佩特拉聪明过人，她和周边的强国有着很密切的交往。为了有一天能执掌政权，她开始学习包括埃及语在内的多种语言（她家族中的其他人都只会讲希腊语）。她还借助宗教的力量来为她成为女王造势。克里奥佩特拉自称太阳神的女儿，这是古埃及时代一种尊贵的称谓。

众多的神殿

古埃及时代，人们建造了很多神殿来供奉神灵。祭司们每天都给神像供奉食物、酒及香料。规模较大的神庙，还是权贵们各种组织机构的活动场所。他们拥有农场、果园、图书馆以及生产车间，还雇用很多奴仆。

布奇斯的神牛

埃及人相信，在布奇斯的一座神庙中的神牛，是太阳神阿蒙－拉的化身。在克里奥佩特拉成为女王后不久，她就带着一头新挑选出来的神牛，沿尼罗河下行。对于埃及人来说，牛就是神，克里奥佩特拉一路带牛而行，就是向人们展示她是尊敬他们的神的。

神殿深处的祭坛

只有王室成员和高级的男女祭司，才能进入到神殿深处，也就是供奉男女神灵雕像的地方。

供奉神像

乐师、歌手以及舞者纷纷奏乐起舞，克里奥佩特拉在神乐的伴奏下向神像供奉食物和鲜花。

男神和女神

像她之前所有的托勒密及其王后一样，克里奥佩特拉向古埃及的男女神灵们祈祷并供奉他们。传统上认为，女神伊西斯和哈索尔护佑埃及王后们免遭伤害。

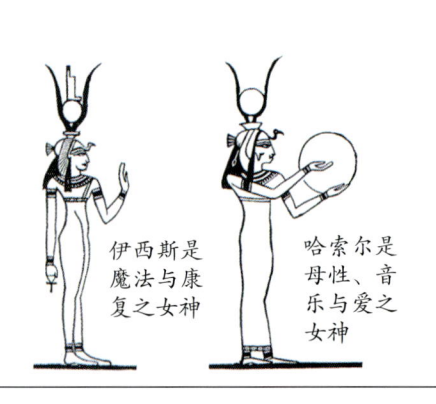

太阳神阿蒙－拉是众神之王

伊西斯是魔法与康复之女神

哈索尔是母性、音乐与爱之女神

女王——两地之君，热爱父亲的女神，带着神牛，乘风破浪驶往荷蒙蒂斯。

——荷蒙蒂斯（今艾尔曼特）一块石板上的文字

强大的伙伴

克里奥佩特拉需要出身贵族家庭的祭司们的支持，因而所有的祭司都能得到一份朝拜的供品，而且还能得到来自神庙土地的收益。很多祭司除了在神庙内做事之外，还兼做宫廷大臣。克里奥佩特拉常常慷慨地向重要的神庙赏赐很多礼物，以此获得祭司们对她的拥护和支持。

神殿内部

要进入神殿内堂，朝拜者需排成队，神情肃穆地走过庄严的大厅。大厅内有很多巨大的石柱，上面有图画及雕刻。

威严的头冠

像其他托勒密家族的王后一样，克里奥佩特拉头戴一顶高高的羽毛状的金制王冠（这是太阳神阿蒙-拉的象征）。王冠上有一块圆盘和一对角（象征着伊西斯和哈索尔女神）。

当克里奥佩特拉祭祀太阳神时，神殿内烟雾缭绕

少女时代的女王

根据记载,克里奥佩特拉曾和她的父亲共同执政过一段时间。在公元前51年,她的父亲去世以后,克里奥佩特拉决心独立执掌政权。按照当时的传统,她嫁给了只有12岁的弟弟托勒密十三世(像她之前所有的托勒密家族的女性一样,她不愿嫁给王室之外的人,以免王权外流)。依照法律,托勒密十二世死后,托勒密十三世可以掌握统治大权了,但他的姐姐,也就是克里奥佩特拉声称他年纪还太小,不能担此重任。其实,克里奥佩特拉是想独揽朝政,但是,她清楚很多贵族及大臣们支持的是她的弟弟而不是她,尤其是她父王的同僚庞培大将军,他打算自己做古罗马在埃及的执政官。年轻的克里奥佩特拉明白,她必须依靠自己的魅力与智慧来维持女王的地位。

埃及的王座
——王权的象征

如果克里奥佩特拉的鼻子再短一点,那么,世界的面貌将会得到彻底的改观。

——《思想录》
布莱士·帕斯卡著
(1670年)

丹达拉哈瑟尔神庙内的一座埃及传统风格的浮雕

克里奥佩特拉的雕像

显而易见,克里奥佩特拉有着迷人的美貌,即使她很年轻的时候也是一样。从古至今,尽管没有人知道她确切的容貌,但从她的大理石头像上看,她堪称一位绝世美女。

克里奥佩特拉统治下的埃及

克里奥佩特拉和她的家人住在埃及富丽堂皇的都城亚历山大港。这座城市是公元前331年亚历山大大帝建立的，经过埃及托勒密王朝300多年的统治，它变得日益繁荣强盛。亚历山大港是古代最重要的港口城市之一，也是多种文明交汇的都市，这里汇集着希腊、埃及和中东地区的思想及信仰。对于普通的埃及人来说，亚历山大港是一座陌生而且带有异域风情的城市，就像托勒密家族在埃及百姓的眼中是外国人一样。在克里奥佩特拉统治的最初两年里，尼罗河水停止了泛滥，这导致了农业欠收和饥荒，众多百姓不得不忍饥挨饿。作为埃及的统治者，克里奥佩特拉有责任帮助她的子民并赢得他们的拥戴，同时她也必须得到亚历山大港市民们的民心。

水 车

这是一架用牛拉动的漂亮水车。牛拉着水车转圈，同时水就从尼罗河里流向了田地。即使时至今日在埃及，人们还在使用这种牛拉的水车。

> 埃及这片土地是天然的良田，它盛产比别的土地多得多的水果，若得到足够的灌溉，则会出产更多……
>
> ——《地理学》
> 斯特拉伯著
> （公元前100年）

知识宝库

● 尼罗河是世界上最长的河流。它全长6 690千米，发源于非洲中部的高地，在地中海入海。

● 今天，尼罗河在阿斯旺河段筑有大坝。在克里奥佩特拉生活的时代，每年6月至9月份，尼罗河上游会有大量的降水，因此河水会溢出堤岸，造成河水泛滥。这样河流两岸的土地就会储存大量地下水。

● 洪水过后，两岸的土地会覆盖上一层厚厚的肥沃泥土。到11月份，土地就会变得足够干燥，这也就到了埃及人开始耕种的时候了。

乘舟而行

这艘木船模型是在一座古墓中发现的。古埃及人乘船沿尼罗河航行，用船运送谷物到市场上出售，以及乘船去朝拜神庙。

水上航行

沿尼罗河航行要比走陆路快捷、方便、安全得多。乘船可以把人及货物很容易地从一个地方运送到另外一个地方。

亚历山大港是一个繁华的港口，来自地中海沿岸的船只在这里频繁进出

亚历山大港

地中海

尼罗河三角洲

埃及出产的主要谷物有小麦和大麦，它们被用来制作面包和酿造啤酒，面包是埃及人的主食

法尤姆

农民们挖掘出网状的沟渠，把河水引进田地。这样土地就被分割成了一块块小块的田地

用纸莎草的茎秆编成的小船，用于河上的短途航行

帆船沿着重要的贸易之路穿过江海到达非洲和中东各国

陶罐可以手制，也可以在陶轮上做出来。制陶者还做陶瓦，陶瓦上常常绘有漂亮的花朵图案

丹达拉

荷蒙蒂斯

埃及人还用纸莎草或棕榈的叶、秆编成篮子，人们用篮子储存或运送食物

艾德福

人们在埃及各地开采珍贵的宝石和金属，如绿松石和黄金

尼罗河岸

大多数埃及人住在拥挤的尼罗河两岸的村镇里。他们有的是农民，有的是建筑工人、商人或手工艺者。他们的祖先这样繁衍生息了数千年。

柏伦尼斯港

托勒密家族在红海岸边新建了一座贸易港，起名为柏伦尼斯港

法尤姆

法尤姆是埃及北部沙漠区的一大片低地，它的中央是一个淡水湖。这里土壤肥沃，湖水还为谷物的生长提供了充足的水源。在托勒密王朝时期，很多希腊人来此定居，那时，这里是一片热闹的繁荣区域。

灌溉——给土地浇水

埃及农民还使用桔槔等工具，从河里汲水来浇灌土地。这是一种把水桶固定在一根长木杆上的农具。托勒密王朝还把另一种汲水工具从希腊引进到埃及来。

更多的葡萄酒

托勒密王朝之前，在埃及，葡萄酒是很稀有、昂贵的，当时，大多数埃及人喝的是啤酒。希腊人更喜欢葡萄酒，所以，他们把酿造葡萄酒的技术带到了埃及。

这幅壁画表现的是农民采摘葡萄及用脚踩踏葡萄酿酒的情景

逃 亡

在克里奥佩特拉统治埃及的最初两年里，她成功地使埃及处于她的掌握之中，但是她仍然有很多的劲敌。她最强的对手，就是她弟弟的大顾问伯狄诺斯。他对克里奥佩特拉总揽大权、独断专行的行为很不满。再者，托勒密十三世将近16岁了，他也要求夺回政权。公元前48年，克里奥佩特拉发现，托勒密十三世和伯狄诺斯正在密谋派兵绑架她。克里奥佩特拉明白，她必须在他们开始行动之前离开埃及，所以她立即乘船赶往叙利亚。在那里，她希望招募军队，有朝一日东山再起，从她的弟弟手中再夺回王权。

托勒密的顾问

年轻的托勒密十三世，在很大程度上依靠大臣伯狄诺斯，以及宫廷内的高层贵族，并对他们的建议言听计从。

独立执政

由于克里奥佩特拉向托勒密十三世及其支持者们展示了她独立执政的卓越才能，因而触怒了这些人。这枚青铜货币是在她统治初期铸造的，上面只有她的头像，却没有她的弟弟及大臣们的头像。

寻求支援

克里奥佩特拉之所以选择逃亡叙利亚，是因为这里曾归托勒密家族管辖。叙利亚的国王也是罗马帝国的敌人。像克里奥佩特拉一样，他也害怕他的国家有一天会被强大的罗马帝国征服。

姐妹共同出逃

在出逃时，克里奥佩特拉还带走了她唯一的妹妹阿西诺。她可能是想保护妹妹免受托勒密十三世和伯狄诺斯的伤害，更重要的是她怕阿西诺也想争权夺位。

危险的旅程

从埃及到叙利亚是一段非常危险的旅程，地中海经常波涛汹涌，触礁沉船是很平常的事。

为权势而战

尤利乌斯·凯撒和庞培曾经是很亲密的伙伴，但在公元前48年，他们却为了争夺罗马的最高统治权而反目成仇。他们之间的冲突导致了罗马军队的内讧，法萨卢斯之战使尤利乌斯·凯撒成了最终的胜利者。

尤利乌斯·凯撒

叛逆行动

当克里奥佩特拉前往叙利亚寻求援助时，她的靠山庞培正急忙赶往埃及，他希望托勒密十三世和克里奥佩特拉，能给他提供金钱并派兵助他打败凯撒；但是，庞培一到亚历山大港就被托勒密十三世的支持者谋杀了。

庞培

高度警惕

在航行途中，人们一直保持着高度警惕，以防海盗来抢劫。

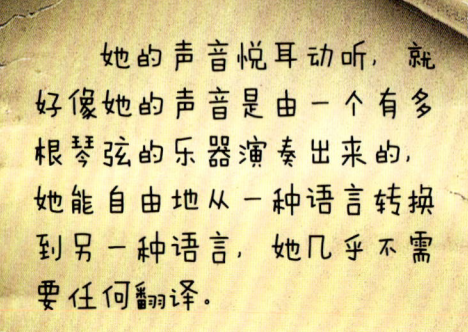

天资聪慧、美丽迷人

> 她的声音悦耳动听，就好像她的声音是由一个有多根琴弦的乐器演奏出来的，她能自由地从一种语言转换到另一种语言，她几乎不需要任何翻译。
>
> ——《马克·安东尼传》
> 普卢塔克著
> （公元75年）

公元前48年，尤利乌斯·凯撒在庞培被杀4天之后赶到了埃及。当他在亚历山大港登陆时，托勒密十三世的支持者为他献上了庞培的头颅作为见面大礼。对这种残酷的杀戮，凯撒深感震惊，但是他仍试图与这些人和睦相处，因为他来埃及的目的，是索要克里奥佩特拉的父亲欠他的一大笔钱。他要求克里奥佩特拉和托勒密十三世面见他，共同协商和平共处条约。克里奥佩特拉并不信任她的弟弟，而且她知道，如果她与她弟弟的顾问们面对面的话，她将再次面临被残杀的危险。她清楚，她需要凯撒的保护。一天夜里，克里奥佩特拉神不知鬼不觉地潜入了凯撒的房间，她要用自己全部的魅力和聪慧，来赢得他的支持。

藏身地毯中

据说，克里奥佩特拉藏身于一块地毯中进入了凯撒的寝宫。

毯中美女现身

当克里奥佩特拉从藏身的地毯中现身的时候，凯撒一定大惊失色。

勇气与忠诚

按照当时埃及人的习俗，第一次见贵客要送上一块地毯。克里奥佩特拉说服了一名叫阿波罗道鲁斯的商人，他答应冒着生命危险，用一块大地毯裹住克里奥佩特拉，并把她带进了重兵把守的凯撒寝宫。

送给凯撒的礼物

像克里奥佩特拉这样的统治者，经常送给有权势的人大量的礼物，所以克里奥佩特拉的仆人给凯撒送来一块漂亮的地毯是不会引起人们怀疑的。克里奥佩特拉的计谋成功了，她很快赢得了凯撒的欢心和支持。凯撒来到埃及时，只带了很少的士兵，所以，在充满敌意的国度里，他也很高兴找到了一位盟友。

凯撒的理发师

伯狄诺斯给城外的阿奇拉斯送信，两人密谋，企图杀害凯撒

一个仆人把密信带出了城

企图杀害凯撒

当托勒密十三世的大顾问伯狄诺斯发现，克里奥佩特拉已获得了凯撒的支持时，他决定秘密杀死凯撒。凯撒的理发师偷听到了伯狄诺斯的计划，并报告了凯撒，最后伯狄诺斯被处死。同时，阿西诺从城中逃了出去，她加入到阿奇拉斯将军的队伍中，他们将与埃及军队共同对付凯撒。

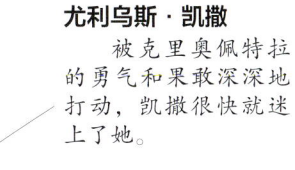

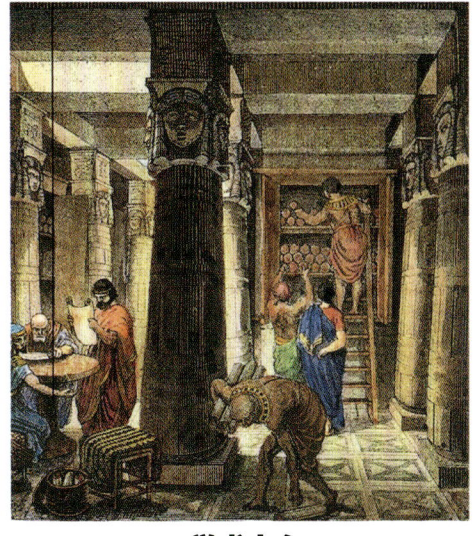

尤利乌斯·凯撒
被克里奥佩特拉的勇气和果敢深深地打动，凯撒很快就迷上了她。

学术中心

克里奥佩特拉依靠其渊博的知识和聪明才智掌权。托勒密家族使亚历山大港成为埃及的学术中心。到克里奥佩特拉统治埃及的时候，该城的图书馆是世界上最大的。

古埃及象形文字
古埃及通俗文字
希腊文

罗塞塔石碑

在克里奥佩特拉统治的时候，人们共使用三种语言，这一点可以从罗塞塔石碑上的文字记载得到证实，有古埃及象形文字（用于记载王室法令及宗教教义），古埃及通俗文字（象形文字的简化形式，一种书面语），还有希腊语（克里奥佩特拉的母语）。克里奥佩特拉至少擅长这三种语言，足见其学识渊博、聪慧过人。

罗塞塔石碑，是在尼罗河三角洲上的罗塞塔附近发现的一块玄武岩石板

托勒密十三世的愤怒

当托勒密十三世得知克里奥佩特拉与凯撒在一起时，他跑出王宫，一怒之下摔了他的王冠。此时，王宫已被埃及军队重重包围。为了缓和冲突，凯撒允许托勒密十三世离开亚历山大港去投奔他的姐姐阿西诺和阿奇拉斯将军。亚历山大港之战过后几天，人们在港口发现了托勒密十三世的尸体。

DK 儿童探索百科丛书

王室美女

金属镜

在克里奥佩特拉统治的时代，人们还未发明玻璃镜子。镜子是用刨光的金属做成的。这面镜子的把柄是一个头顶荷花头饰的侍女形象。

漂亮的陶器

在当时，化妆品是装在这样的漂亮的陶器内的，与之相配的容器内的小棍，是用来涂抹化妆品的。

绿色的孔雀石用来制成绿色的眼影粉

方铅矿石用来制黑色的眼影粉

氧化铁用来制赭色的唇膏和腮红

天然的颜料

像埃及早期的女王一样，克里奥佩特拉使用植物和矿物质提炼而成的化妆品。孔雀石（绿铜矿石）、方铅矿石以及氧化铁被磨碎，用水搅拌就制成了天然的眼影粉、唇膏及腮红。

香水与鲜花

因为莲花有着淡雅的清香而被埃及人奉为圣花。人们还从带有香味的香柏的油脂及桂皮、蜂蜜、没药及指甲花中提取各种香水。

克里奥佩特拉知道，漂亮的容貌对她来说很重要。她知道该如何以自己的美貌打动凯撒及埃及人的心，给他们留下深刻的印象。她总是精心选择适合不同场合穿的服饰。一般来讲，在处理公务时，克里奥佩特拉穿埃及服装——长长的、带褶皱的亚麻布宽松直筒连衣裙，上面镶嵌着珠子，还有刺绣的图案。在王宫中她私人的空间里，她更喜欢希腊风格的服饰——用柔软的亚麻布或丝绸做的长袍。不论什么场合，克里奥佩特拉都表现得迷人、威严、得体。

保持洁净

所有的埃及人都爱保持清洁和清爽。像克里奥佩特拉这样富贵的埃及人，会经常沐浴，而普通的埃及人，只能在尼罗河中洗澡。

侍女

沐浴之后，克里奥佩特拉的侍女给她裹上柔软的亚麻布浴巾，用气味芬芳的油脂替她按摩肌肤。

清香的莲花是再生的象征

16

女王之像

克里奥佩特拉身着传统的埃及长裙，带着厚重的假发。她还化着埃及式的浓妆。她的眼睑画上了眼影，描上了眼线，两颊涂上了腮红。

赭石（红土）或植物及海草的提取物用来涂嘴唇

克里奥佩特拉穿的是带有金属装饰的柔软的皮凉鞋

神 物

埃及人认为猫是神物。一个亚历山大人，因无意中杀死了一只猫而被人用石头砸死。

王权的象征

克里奥佩特拉假发上的眼镜蛇头饰，是女神外扎特的化身。她是保护国王与王后的女神。

克里奥佩特拉的形象

我们不知道克里奥佩特拉究竟长什么样，迄今保存下来的她的肖像大相径庭。左边这座具有罗马人特点及发型的雕像与货币上的头像相仿，但是克里奥佩特拉是应该戴着王冠的。右边埃及风格的雕像，表现的是女神似的克里奥佩特拉，这当然与生活中的她相去甚远。

罗马风格雕像 　　　　传统的埃及风格雕像

最后勾画几笔

克里奥佩特拉戴着精美的珠宝首饰，化着精致的妆容，喷上浓浓的香水。有时，她的指甲和手掌也用指甲花染料进行装饰美化。

> 克里奥佩特拉的美貌不是使旁观者一见动情的那种，但她能使身边的人被她的魅力深深地感染，不能逃脱，也不能回避……她所说的和她所做的都透露出一种聪明才智，这是最令人着迷的。
>
> ——《马克·安尼东传》
> 普卢塔克著
> （公元75年）

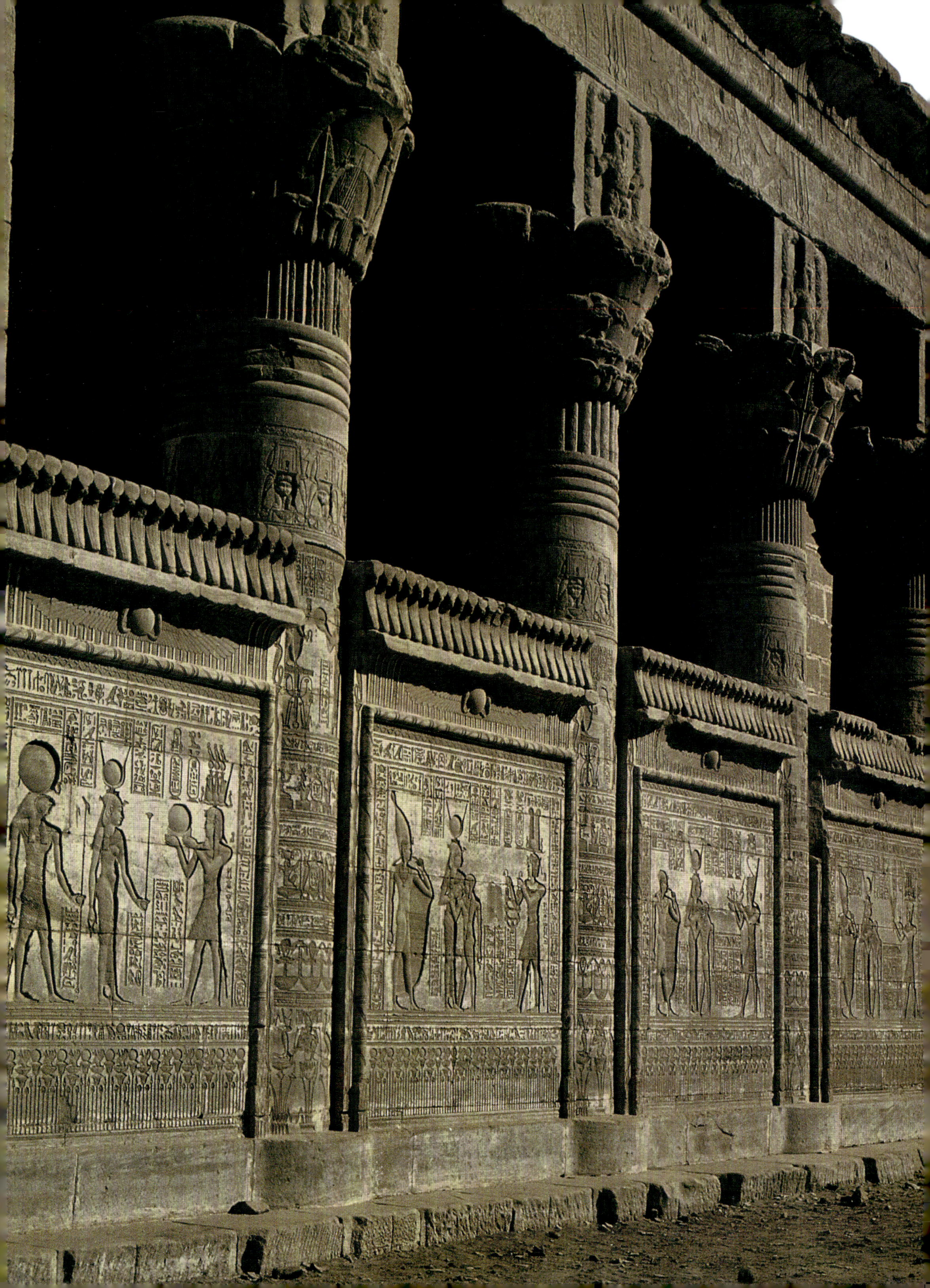

强大的保护神

在最初的几年里,克里奥佩特拉感觉很安全。她的对头托勒密十三世及他的顾问们都死了,凯撒许诺保护她和她的新丈夫——她唯一幸存的弟弟,11岁的托勒密十四世。她和凯撒一起,沿尼罗河乘舟而下,去接近臣民,她的威仪使臣民们心悦诚服。有传闻说,克里奥佩特拉怀上了凯撒的孩子。凯撒返回罗马时,留下了15 000名士兵护卫她。

尤利乌斯·凯撒
凯撒是一位杰出的将领,也是古罗马野心勃勃的执政官。

神庙的墙上刻有浮雕。克里奥佩特拉巨大的雕像和其子凯撒里恩(凯撒之子)的肖像也刻在这上面

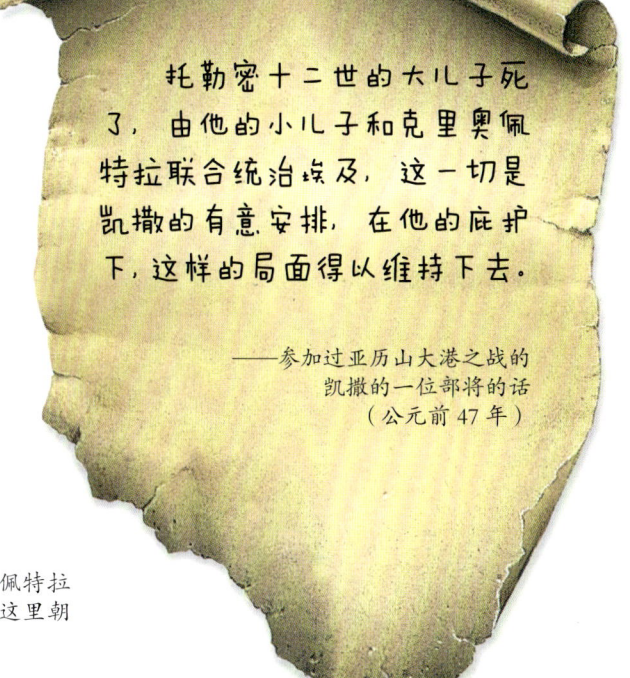

> 托勒密十二世的大儿子死了,由他的小儿子和克里奥佩特拉联合统治埃及,这一切是凯撒的有意安排,在他的庇护下,这样的局面得以维持下去。
>
> ——参加过亚历山大港之战的
> 凯撒的一位部将的话
> (公元前47年)

这是位于丹达拉的哈索尔神庙。克里奥佩特拉可能在她与凯撒的尼罗河之行的途中到这里朝拜,并向哈索尔女神供奉过祭品

来到凯撒的故乡——罗马

在控制住了埃及的局势之后，凯撒于公元前46年回到了罗马，人们热烈地迎接他，把他奉为英雄。克里奥佩特拉不久就来与其会合。她自称是为了埃及与罗马的和谈而来，其实她是为了确信凯撒对她的保护而来。克里奥佩特拉还带来了凯撒里恩和法老托勒密十四世。她之所以这样做，是害怕她的弟弟及其顾问们趁她不在时篡夺王权。很多罗马人都对克里奥佩特拉和凯撒的关系感到震惊和意外。他们害怕凯撒将会让凯撒里恩做他的继承人，这样一来罗马就将受制于他人。

到达罗马

这是1963年出品的好莱坞电影《埃及艳后》中的一个场面，它表现的是克里奥佩特拉（伊丽莎白·泰勒饰演）偕子到达罗马的情景。

被缚的阿西诺

凯撒在土耳其、高卢、埃及、非洲的北部和西部取得了胜利。在欢庆的队伍中，阿西诺被铁链捆绑着游街示众。

愤怒的人群

罗马人认为，当众侮辱阿西诺是不对的，士兵们不得不用长矛阻挡蜂拥上前的愤怒的人群。

凯撒的胜利

凯撒通过让他的俘虏游街示众，来庆祝自己的胜利。克里奥佩特拉的妹妹阿西诺，因为曾带领埃及军队反对凯撒而被捆绑着游街示众，头上没带任何东西。这对一个女人来讲，在公众场合如此露面是一种奇耻大辱，因为罗马的妇女习惯上在外出时都披上长长的斗篷并戴上面纱。尽管如此，阿西诺也是幸运的，因为她没有像其他俘虏那样被处死。这是因为，凯撒害怕若公开处决了一位公主，罗马人可能会发生暴乱。

胜利大游行

按照传统，罗马人以胜利大游行的方式，向自己心目中的英雄表示敬仰之情。

> 我恨埃及王后……尽管她赠给我很多的书籍，她也并未辱没我的尊严。
>
> ——《给阿特克斯的书信集》
> 西塞罗著
> （公元前44年）

神庙及贡品

为了感谢维纳斯（维纳斯是神话中凯撒家族的先祖）护佑他取得法萨卢斯之战的胜利，凯撒为其在罗马建造了一座新的神庙。凯撒还请人为克里奥佩特拉造了一座雕像，摆放在神庙之内。雕像是克里奥佩特拉怀抱凯撒里恩的形象。

罗马的集市

这张图片展示的是罗马集市的废墟，这里曾是罗马人集会及做买卖的地方，凯撒就是在这里建造了维纳斯的神庙。

爱之女神

尤利乌斯·凯撒的家族自称是维纳斯的后代。对于克里奥佩特拉来讲，她的雕像能放置于这座神庙当中，是一种至高无上的荣耀。

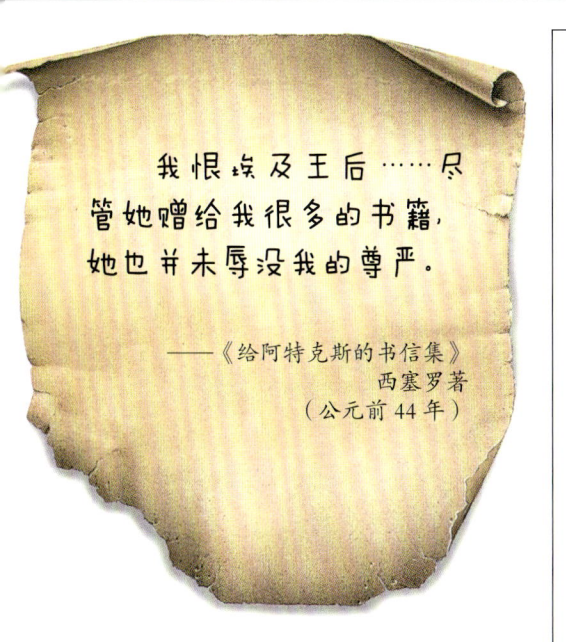

身在罗马的王后

克里奥佩特拉住在凯撒位于罗马的富丽堂皇的别墅里。她在那儿款待宾客，宴请罗马重臣，并慷慨地送给他们很多礼物。她希望赢得罗马重臣的好感和支持。

凯撒之死

作为对凯撒胜利的奖赏，罗马元老院在公元前46年，推举凯撒为之后10年内罗马的元首。两年以后，他又被推举为终身元首。很多罗马人害怕凯撒权势过大，有一天会成为国王。元老院大约有60个人参与杀害他的阴谋。

谋杀凯撒的计划由布鲁图和卡修斯领头进行

公元前44年，在一次元老院召开的会议上尤利乌斯·凯撒被人用匕首刺死

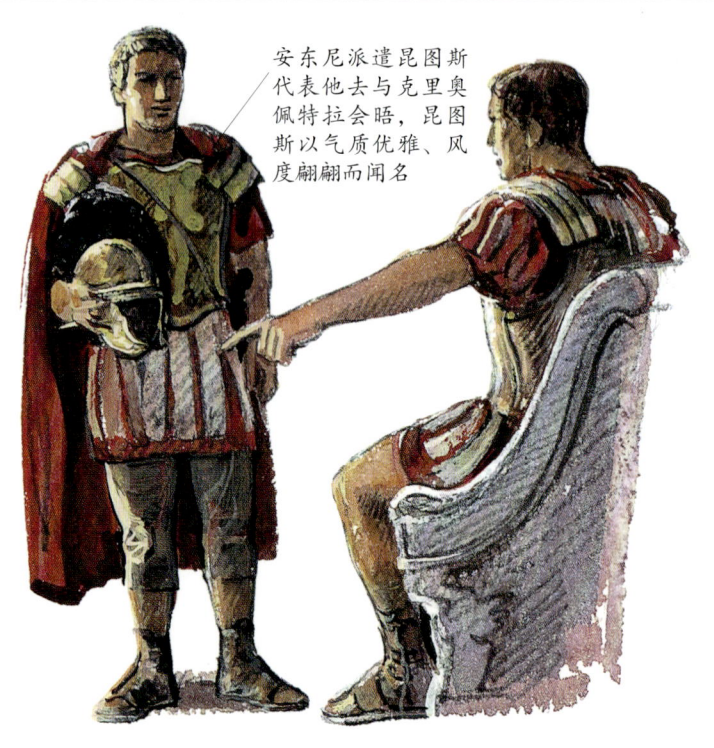

埃及艳后——埃及最后法老的传奇人生

安东尼派遣昆图斯代表他去与克里奥佩特拉会晤，昆图斯以气质优雅、风度翩翩而闻名

> 克里奥佩特拉乘坐一艘带有镀金甲板的帆船，沿西德努斯河向北航行。这艘船的船帆是紫色的，在长笛和鲁特琴等乐器的音乐声中舵手们划动银桨，奋力向前。
>
> ——《马克·安东尼传》
> 普卢塔克著
> （公元前75年）

帆是用从中国进口的稀有而昂贵的丝绸做成的，紫色的船帆要比金色的稀有珍贵得多

紧急召见

安东尼拥有对埃及的控制权，但是他必须赢得克里奥佩特拉的支持才行。他害怕她会站到他的对手那一边。安东尼还需要埃及的黄金，他要用它们来支付军队庞大的开支，他也需要埃及生产的粮食来供给他的军队。安东尼给克里奥佩特拉写了一封信，但她没有回复，于是他要面见她。

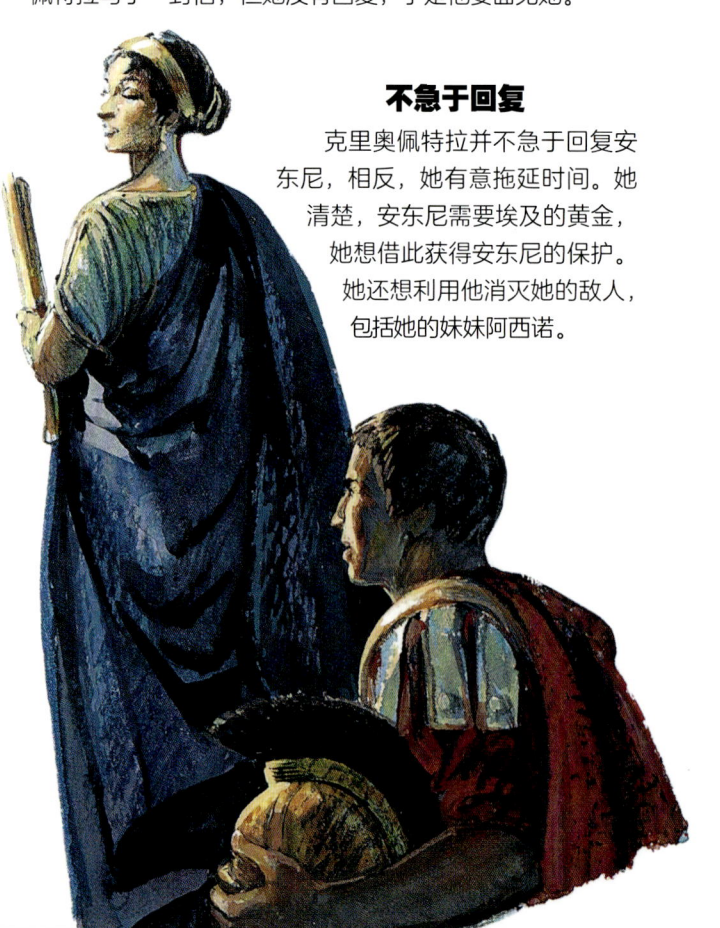

不急于回复

克里奥佩特拉并不急于回复安东尼，相反，她有意拖延时间。她清楚，安东尼需要埃及的黄金，她想借此获得安东尼的保护。她还想利用他消灭她的敌人，包括她的妹妹阿西诺。

船的甲板和船帆都散发着芳香的气味。在船乘风前进的时候，空气中也充满了淡淡的清香

安东尼等待着

当安东尼等待克里奥佩特拉前来塔色斯会见他时，他听说大批的群众前往码头观看克里奥佩特拉到达的隆重场面。

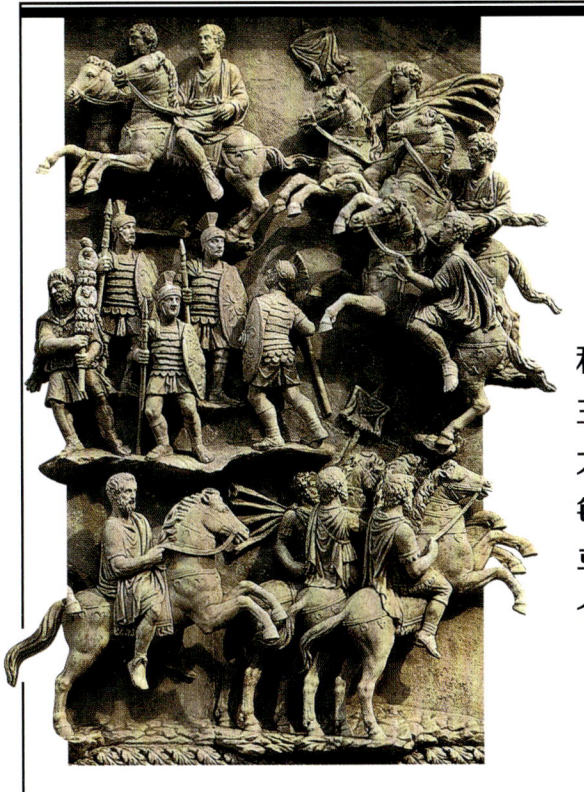

气派非凡而来

凯撒之死引起了罗马三年的内战，元老们组成不同的利益集团，罗马的显贵家族都跃跃欲试，想成为罗马新的主宰。参与这场角逐的主要有三个强大的对手，他们是屋大维（凯撒的养子）、马克·安东尼和马库斯·莱皮杜斯，每个人都想坐上凯撒的位置。最后，在公元前42年，罗马的领土被这三个人瓜分。安东尼控制了地中海东部的整个地区，其中包括埃及。

罗马人自相残杀

屋大维、安东尼和莱皮杜斯都有自己训练有素的军队。他们之间连续几次开战。曾经领头密谋杀害凯撒的人们，也卷入到战争中来，他们也想趁机攫取权力。

屋大维很年轻，他野心勃勃，血气方刚，但缺乏战斗经验

安东尼比屋大维年长得多。他是个顽强、凶悍的斗士，曾为罗马打过不少大胜仗

莱皮杜斯后来被迫退出争斗，因为他的士兵背弃了他，投奔到了屋大维的军队中

罗马的三个统治者

为了赢得这场争夺王权的斗争，屋大维、安东尼和莱皮杜斯达成了协议，一致对付由布鲁图和卡修斯率领的军队，这两个人是谋杀凯撒的主谋。公元前42年，安东尼的军队在菲利皮之战中击败了布鲁图和卡修斯的部队。之后，屋大维、安东尼和莱皮杜斯共同起草了一项和平协议，按照协议三人将共同统治罗马五年。因为安东尼在菲利皮之战中大获全胜，他分得了最大的一份，而且，独享对埃及的控制权。

埃及内乱

公元前44年，凯撒被暗杀的消息迅速传遍了罗马人控制的所有领地。当时，克里奥佩特拉正在罗马城，凯撒突然被杀之后，她立刻马不停蹄地返回埃及。现在，她的保护神已经死了，她的王国再次陷入险境。很多国家都垂涎富饶的埃及，都想征服它。克里奥佩特拉让她的儿子凯撒里恩寸步不离她的左右，因为她害怕他随时会被凯撒的敌人杀死。托勒密十四世突然神秘地失踪了，有人说是克里奥佩特拉毒死了她的弟弟。这样一来，她和她的儿子就坐稳埃及的江山了。

力保王权

回到埃及之后，克里奥佩特拉的处境很艰难。她把许多贵重的礼物赠送给亚历山大港的贵族们，以便赢得他们的支持。她站在王宫的一扇窗前，把礼物扔给下面的人群。尽管她如此费尽心思，还是有很多人因为她和凯撒之间特殊的关系和长期留居罗马而把她看成一个叛国者。

克里奥佩特拉向下面等待她的拥护者投掷礼物

只有少数臣民很高兴见到克里奥佩特拉。王宫的卫士竭力阻挡骚动的人群

大量的赏赐

按照埃及的传统，法老和王后向忠实臣民赏赐金制的项链。像早期的统治者一样，托勒密王朝有大量的黄金储备，还有珠宝和其他宝藏。这些金银珠宝是被征服者作为礼物献给过去的法老，或者作为税收而缴纳的。

荣誉项圈

这条项链叫作荣誉项圈，它是由一个个的金环组成的。这是几千年前一位埃及贵族收到的一件礼品。

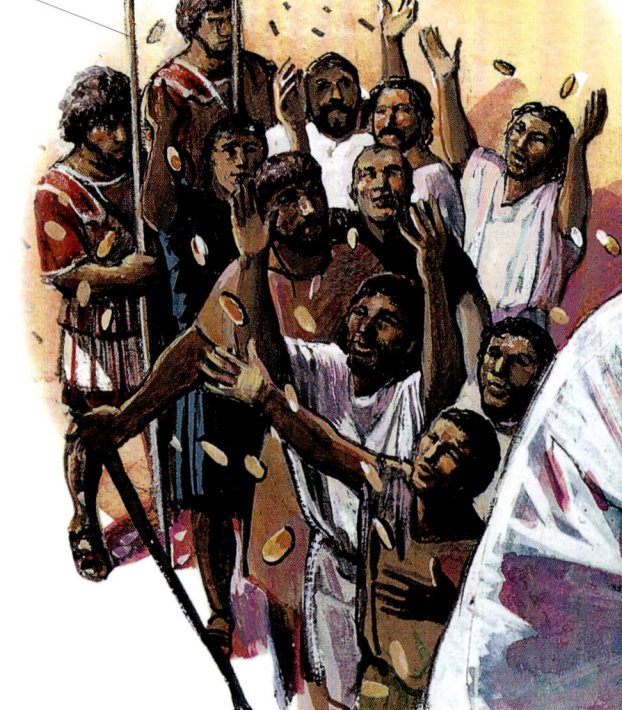

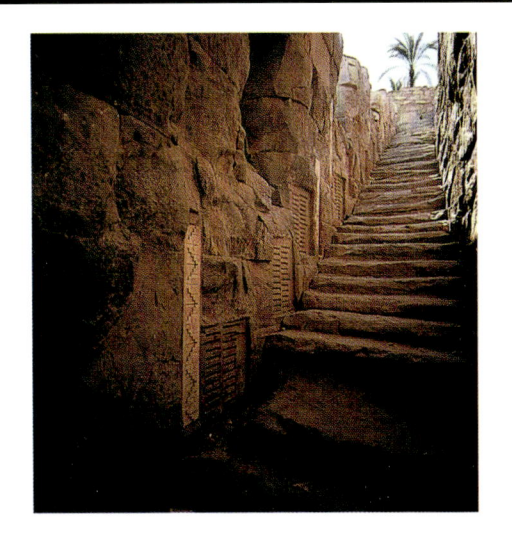

灾荒与疾病

在克里奥佩特拉统治埃及的时候，有两年尼罗河水没有泛滥。河里的水不够深，不能把肥沃的河泥带到岸边来，河水也不够用来浇灌土地。很多庄稼和牲畜都死去了，很多普通百姓不得不忍饥挨饿，同时还受到疾病的折磨。

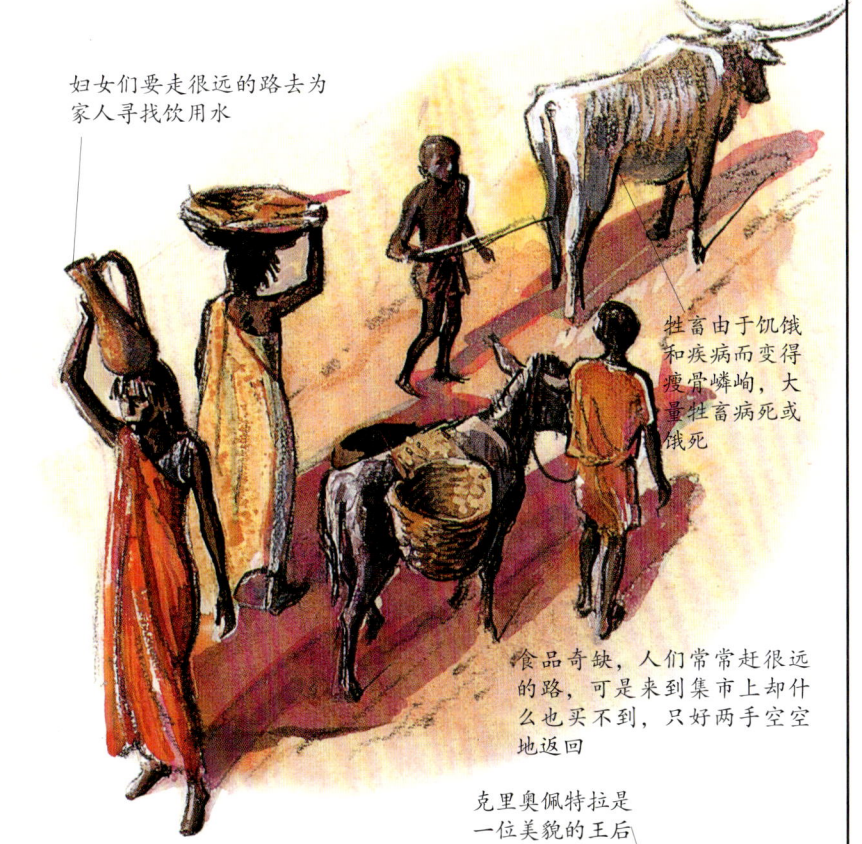

妇女们要走很远的路去为家人寻找饮用水

牲畜由于饥饿和疾病而变得瘦骨嶙峋，大量牲畜病死或饿死

食品奇缺，人们常常赶很远的路，可是来到集市上却什么也买不到，只好两手空空地返回

洪水预报

每年尼罗河水的泛滥，对于埃及人至关重要，所以埃及人每年都要仔细测量尼罗河的水位。他们在河的两岸建造了测量装置，起名叫尼罗河水位仪。这样一来，他们就可以清楚地观测到水位上涨、退却的速度和其他情况。台阶及墙面上的标记是用来测量水深的。如果没有洪水，在炎炎烈日的照射下，土地很快就会板结变硬，谷物就无法生长。

造乱者

当克里奥佩特拉回到埃及的时候，她发现她的妹妹阿西诺和凯撒的敌人们勾结在一起，企图在那些人的支持下篡权夺位。王宫内很多贵族也支持阿西诺，他们也加入到了阴谋推翻克里奥佩特拉的队伍中。

愤愤不平的贵族

许多贵族及大臣对克里奥佩特拉没有尽力帮助灾民而愤愤不平；并且因为埃及是罗马粮食的主要供应国，所以，埃及人从别处根本买不到粮食。

克里奥佩特拉是一位美貌的王后

凯撒里恩是一位威仪的国王

克里奥佩特拉和凯撒里恩

当克里奥佩特拉把凯撒里恩从罗马带回埃及时，他还是个蹒跚学步的孩子。克里奥佩特拉请人为他们共同雕刻了一幅雕像，目的是为了让埃及人时时记得，他们是埃及共同的主宰者。

人们传说阿弗洛狄忒女神曾和酒神狄恩瑟斯一起，为亚洲的繁荣而纵酒狂欢。

——《马克·安东尼传》
普卢塔克著
（公元75年）

装扮成女神的样子

克里奥佩特拉曾数次前往塔色斯与安东尼会晤，共同商讨联合大计。克里奥佩特拉有意装扮成希腊爱与美的女神阿弗洛狄忒的样子，她还给安东尼戴上用葡萄树叶做成的王冠（在希腊，人们常常给尊贵的客人戴上花环，但是，葡萄树叶则象征着酒神狄恩瑟斯）。克里奥佩特拉之所以这样做，是想提醒安东尼记起狄恩瑟斯和阿弗洛狄忒是在塔色斯相识并坠入爱河的。

克里奥佩特拉的美貌侍女们，在安东尼走过的路上撒上芬芳的玫瑰花瓣，以示隆重的欢迎

用葡萄树叶做成的王冠——酒神狄恩瑟斯的象征

DK 儿童探索百科丛书

神秘与尊贵

　　安东尼邀克里奥佩特拉前来他所在的塔色斯见面。他在那里已做好与好战的帕提亚人开战的准备。帕提亚人聚居在罗马的东都。克里奥佩特拉清楚，她与安东尼的会面，将决定埃及的未来。她听说安东尼是一个勇士，而且，他贪恋美色和带有异域风情的奢华物品。克里奥佩特拉精心准备了这次会面，她乘着华丽的游船而来，气派非凡。她希望以自己的神秘、尊贵和过人的魅力征服安东尼。

漂浮的皇宫

克里奥佩特拉的游船是用最上等的木料做成的，船尾翘起，甲板上还镀了金。

抵达塔色斯

有关克里奥佩特拉抵达塔色斯的传说，曾激发了古往今来许多艺术家的灵感。这幅克劳德·布莱恩的油画，表现的是安东尼迎接克里奥佩特拉的情景。画中的建筑与船只使人联想起17世纪的东西，而不是克里奥佩特拉时代的。

阿弗洛狄忒

克里奥佩特拉打扮成女神阿弗洛狄忒的样子，躺在一把长躺椅上，躺椅上罩着金色的布料做成的华盖。

音乐与舞蹈

　　在古代，无论是埃及还是希腊的庆祝活动，都少不了音乐。竖琴与长笛是宴会或晚会最常用的乐器，但是宫廷乐手也演奏里拉、双簧管和小手鼓。克里奥佩特拉一定观看过歌者、小丑、舞者以及杂耍艺人的表演。

里拉是专门为歌者伴奏或者在诗人吟唱时弹奏

长笛可以用来吹奏快步舞曲，也可以用来吹奏轻柔、抒情的爱情歌曲

那时，空气中一定飘荡着美妙的乐曲，充盈着浓浓的香味

神秘的灯光

在克里奥佩特拉隆重抵达塔色斯之后，安东尼邀请克里奥佩特拉与他共舞，但是克里奥佩特拉拒绝了。相反，她坚持邀请安东尼到她的船上来。她做了精心准备，要让安东尼大吃一惊，兴奋不已，更重要的是，她要打动和征服他的心。她让人在船上点上数千只小油灯，使得整座船上灯光闪耀，绚丽多彩。

安东尼与克里奥佩特拉

克里奥佩特拉大胆的计划成功了。她到达塔色斯之后，很快赢得了安东尼对她的支持，她可以继续拥有对埃及的统治权。安东尼被她深深地迷住了，以至于忘记了与帕提亚人的战争，反而匆忙赶往埃及。公元前41年，他在亚历山大港与克里奥佩特拉共同度过了一个冬天，那时克里奥佩特拉几乎与他寸步不离。她看安东尼如何操练军队，与他乘坐豪华的船只沿尼罗河而行，尽情观赏两岸迷人的风光。她奉承他、讨好他，聆听他打仗的故事，用豪华盛宴来殷勤地款待他。克里奥佩特拉再次身怀有孕，这一次是双胞胎。他们当然是安东尼的孩子，不过，安东尼没来得及看到他们出生，就于公元前40年初返回了罗马，因为那时，他的妻子福尔维亚正在率领军队与屋大维作战。

宴会厅中燃着香木和香油，所以空气中弥漫着淡淡的清香

精美珍奇的食物

克里奥佩特拉下令，把一切能得到的珍奇美食都拿到王宫来款待安东尼，以便讨得他的欢心。

安东尼以他健壮、魁梧的身材而自豪，他喜欢打扮成希腊传说中英雄赫拉克勒斯或者酒神、歌神、笑神狄思瑟斯的样子

在她富丽堂皇的王宫内，克里奥佩特拉身着飘逸的希腊长裙，佩戴着精美的首饰

豪华盛宴

克里奥佩特拉摆下豪华的宴席来款待安东尼。希腊及罗马的作家曾记载，克里奥佩特拉命令厨师每隔一段时间就炖一只野猪，这样无论安东尼什么时候想吃，都有炖好的野猪肉；他们还记载，安东尼和克里奥佩特拉曾打扮成仆从的模样，趁黑夜到城中去捉弄百姓，并从中取乐。

欢聚痛饮，翩翩起舞

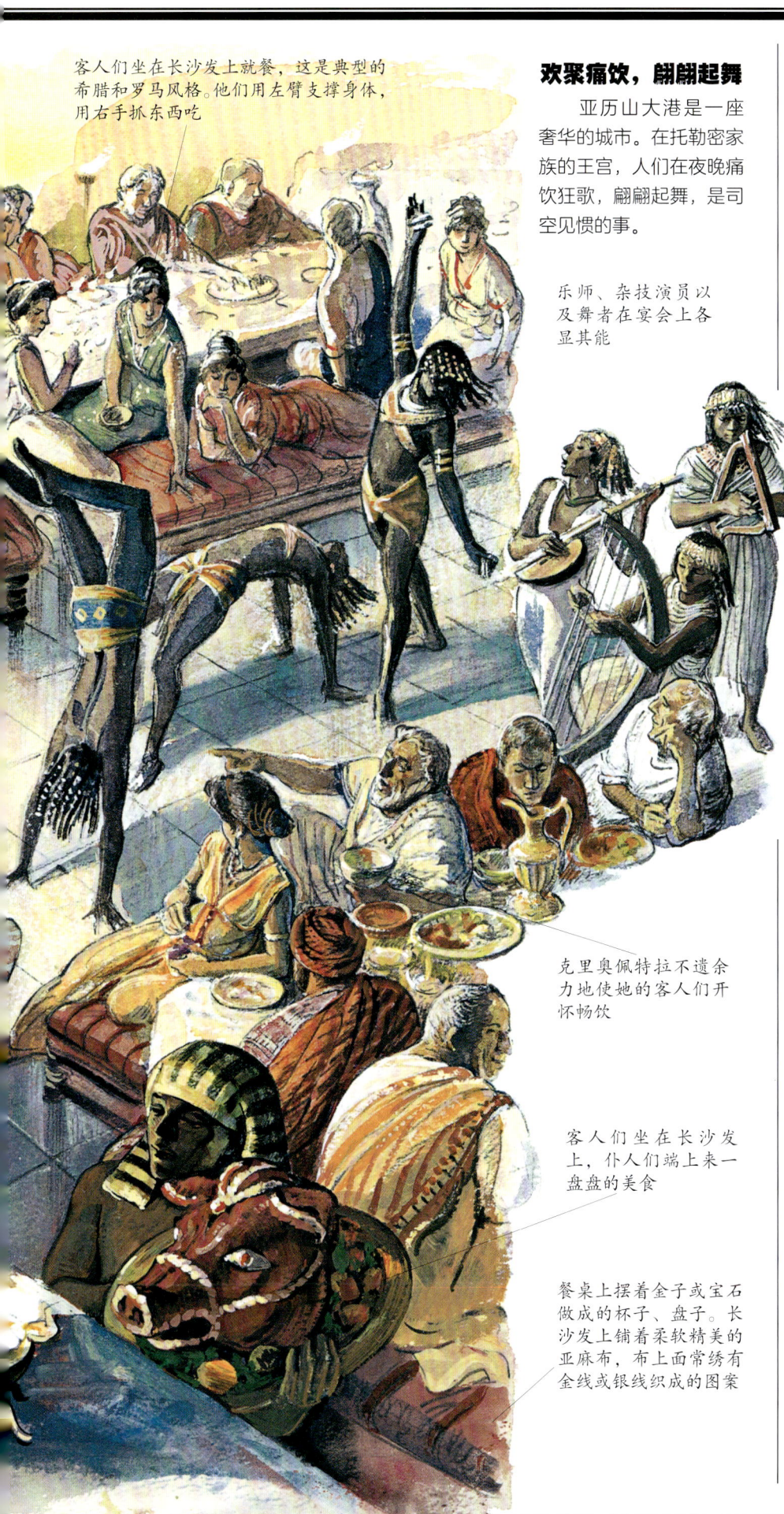

亚历山大港是一座奢华的城市。在托勒密家族的王宫，人们在夜晚痛饮狂歌，翩翩起舞，是司空见惯的事。

客人们坐在长沙发上就餐，这是典型的希腊和罗马风格。他们用左臂支撑身体，用右手抓东西吃。

乐师、杂技演员以及舞者在宴会上各显其能

克里奥佩特拉不遗余力地使她的客人们开怀畅饮

客人们坐在长沙发上，仆人们端上来一盘盘的美食

餐桌上摆着金子或宝石做成的杯子、盘子。长沙发上铺着柔软精美的亚麻布，布上面常绣有金线或银线织成的图案

关于克里奥佩特拉挥霍无度的故事

在很多故事中都提到，克里奥佩特拉挥霍无度、奢华浪费。这幅绘于18世纪的油画表现的是，克里奥佩特拉把一条价值连城的珍珠项链，放于葡萄酒中溶解后一饮而尽。事实上，珍珠并不能溶于酒中。

酒杯

亚历山大港以出产工艺精湛的玻璃器皿而著称。这只外表华美的玻璃器皿是一只酒杯。

罗马人的婚礼

这座雕刻表现的是罗马人的婚礼场面。公元前40年末，安东尼的妻子福尔维亚死了。安东尼与屋大维签署了停战协议，为了表示和平的诚意，他娶了屋大维的妹妹奥克特维亚。

王中之伟后

> 献给克里奥佩特拉——王中伟后及其子——未来的国王。
>
> ——按照安东尼的旨令打造在货币上的一段文字（公元前34年）

安东尼走后，克里奥佩特拉继续执掌对埃及的统治权，在其后的四年内，安东尼都未到埃及来。公元前36年，安东尼在安息国惨败之后，克里奥佩特拉在埃及热烈欢迎他的到来。要保持埃及的独立，她需要一个强大的支撑和合作伙伴。安东尼勇敢威武、雄心勃勃，他还有一支随时为他而战的庞大军队。安东尼计划在北非和中东建立一个庞大的帝国，使之与罗马的对手抗衡。克里奥佩特拉大力支持他的计划，因为这样一来，她也可以借机扩大势力，巩固王权。公元前35年，克里奥佩特拉和安东尼的第三个孩子出生了，他们给他取名托勒密·费拉德尔甫斯。公元前34年初，安东尼大举入侵亚美尼亚并大获全胜。在一个盛大的典礼上，克里奥佩特拉被封为"王中伟后"，她所有的孩子都被授予王的头衔。

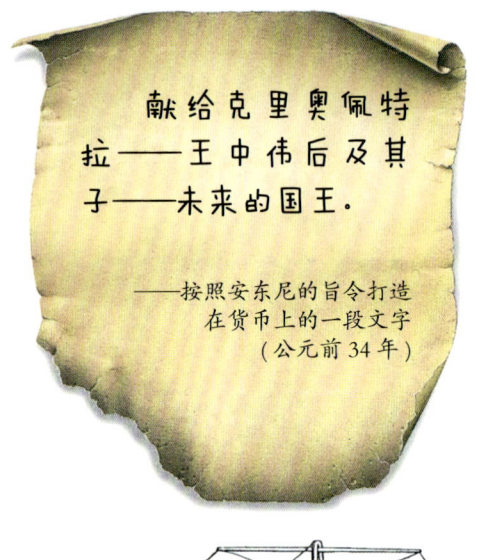

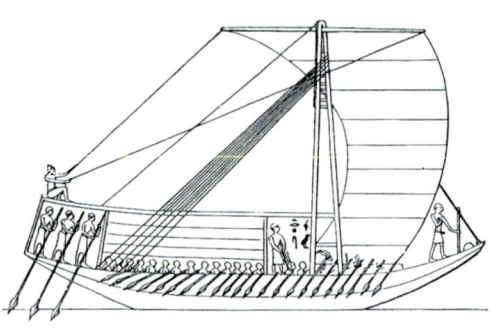

一艘战舰

克里奥佩特拉需要用战舰来保护埃及，以及她和安东尼所拥有的中东的土地，那也是他们所控制的庞大的帝国的一部分。埃及熟练的船工们，用取自中东（主要是叙利亚）的木材，建造了一艘巨大的战舰。

王室头衔

克里奥佩特拉和安东尼赐给他们年幼的孩子王的头衔，他们被封为中东统治者，这表现出了两人之间的合作及其野心。

托勒密·费拉德尔甫斯
托勒密·费拉德尔甫斯被封为小亚细亚之王。

亚历山大·赫利俄斯
6岁的亚历山大·赫利俄斯被封为亚美尼亚之王。

罗马帝国的西部地区（如意大利、西班牙、法国以及西北非）都在屋大维控制之下

克里奥佩特拉·塞勒涅
6岁大的克里奥佩特拉·塞勒涅被封为昔兰尼加和克里特女王。

凯撒里恩
13岁的凯撒里恩——里奥佩特拉的儿子及联合治者，被封为"王中王"。

王冠

作为一代女王，克里奥佩特拉戴着一项有三条蛇图案的头饰。对古埃及人来说，眼镜蛇是王权的象征。

昂贵的珍珠

印度洋出产的珍珠稀有而昂贵。

"T"形十字章，对于古埃及人来说是生命的象征。

丰饶角对于希腊人来说是繁荣的象征

野心勃勃

有了安东尼的帮助，克里奥佩特拉希望把埃及变成一个富裕、文明、鼎盛的帝国。托勒密王朝已有了近300年的历史。克里奥佩特拉还想夺回托勒密家族曾经统治过的埃及以外的土地。这些土地包括叙利亚、黎巴嫩，以及安东尼赠送给她的小亚细亚的部分地区。

昭示王杖

公元前34年，安东尼命人铸造了带有克里奥佩特拉的肖像及"王中伟后"字样的银币，银币的另一面是他自己的头像。这告诉人们，克里奥佩特拉是至高无上的统治者，也昭示着克里奥佩特拉和安东尼两人的野心。

叛国者

当屋大维得知了安东尼和克里奥佩特拉野心勃勃的计划之后，他在罗马元老院发表了演讲，宣布安东尼是叛国者，并且不再拥有罗马元老院、公民和士兵们对他的拥护。

一名罗马元老院议员

与罗马开战

在凯撒的养子屋大维的煽动下，罗马高层的政治家们，对安东尼和克里奥佩特拉要建立与罗马抗衡的大帝国的传闻，深感震惊和气恼。安东尼宣布与他的罗马妻子离异，这一点更加激怒了他们。公元前32年末，屋大维率领一支队伍来到战神拜拉娜的神庙前。他挥动一支蘸有鲜血的长矛，向克里奥佩特拉和埃及郑重宣战。屋大维知道，在罗马，安东尼有支持者，但是他可以肯定，罗马人一定会联合起来共同对抗埃及野心勃勃的女王——克里奥佩特拉。

这幅表现亚克兴角之战的油画，选自瑞蒙德所著的《世界史大全》一书

那时候有很多种兵器。埃及人用战斧和短剑作战,罗马人则有三种不同的兵器——长剑用来冲锋,短剑用来劈杀,匕首用来肉搏

战斧

匕首

短剑

> 安东尼是凯撒之子——凯撒里斯恩的见证人……埃及女王克里奥佩特拉送给安东尼的孩子许多礼物……安东尼曾下令自己死后要与克里奥佩特拉合葬。
>
> ——《罗马史》
> 迪奥·卡修斯著
> （公元3世纪）

亚克兴角之战

作为克里奥佩特拉的伙伴、屋大维的对手，安东尼决定对罗马宣战。安东尼不愿失去对包括希腊在内的罗马东部地区的控制权。由于害怕罗马军队来袭，安东尼和克里奥佩特拉乘坐一艘巨大的战舰前往希腊。公元前31年春，罗马军队也到达了希腊。克里奥佩特拉乘坐一艘巨大的战舰前往希腊。公元前31年春，罗马军队也到达了希腊。克随后的几个月里，屋大维的战舰沿希腊海岸巡逻，与安东尼的部队开战，抢夺安东尼的阵地，击沉他的战舰。更糟的是，安东尼和克里奥佩特拉的战舰被屋大维率领的罗马军队包围在安布拉基亚湾。海湾周边是潮湿、泥泞的沼泽地，当时正值炎热的夏季，很多士兵、水手都患了疾病，病得很严重，再加上食品和水供给严重短缺，很多士兵都被弃之不顾了。到9月的时候，局势更加危急。安东尼和克里奥佩特拉决定破釜沉舟，冲出罗马军队的包围圈。

准备起航

通常在海战时，埃及和罗马的战舰都不带船帆，因为它们既沉重又占用很大空间，战舰通常是水手用桨划。在亚克兴角（现为圣尼古拉奥斯角）之战爆发之前，安东尼和克里奥佩特拉命令士兵做好升帆的准备，他们希望能尽快冲破罗马军队的防线一到行动的海域，然后挂起船帆，尽快逃离险境。

· 屋大维的营地

提 兵

安东尼和克里奥佩特拉的军队主要是由罗马和埃及士兵组成的，还有一些来自其他国家的士兵。这些国家如叙利亚、西里西亚（现在的土耳其的一部分）汉一些受制于安东尼的阿拉伯国家。

阿格里帕

屋大维

阿格里帕将军

屋大维的顾问中有一位马克斯·维普撒尼乌斯·阿格里帕（公元前64一前12年）。他是当时最有名的海军将领之一。屋大维非常信任阿格里帕，因为他比安东尼和克里奥佩特拉更懂得海战之道。

双方的战略战术

在公元前31年，亚克兴角之战打响之前，交战的双方都制订了周密的计划，做了细致的准备。屋大维的目的是把安东尼和克里奥佩特拉引出海湾，然后，用他的更大的战舰撞沉对手的战舰。安东尼则命令手下，竭力从罗马军队的封锁线中冲出一条血路，逃出去。

知识宝库

- 当安东尼和克里奥佩特拉初到希腊时，他们拥有大约300艘罗马战舰，200艘埃及战舰。到亚克兴角之战打响时，他们总共只剩下大约230艘战舰，20 000名士兵。
- 屋大维拥有大约400艘战舰，37 000名士兵。
- 克里奥佩特拉带着包括她的财宝船在内的60艘战舰，成功地逃出了罗马人的包围圈。

陷入重围

克里奥佩特拉和安东尼的战舰，在亚克兴角附近的安布拉基亚湾陷入了罗马军队的包围，唯一的出口是爱奥尼亚海。

安布拉基亚湾

亚克兴角

安东尼的军营

一场败仗

由罗马人和埃及人组成的军队，海战的方式有两种：第一，用坚硬的青铜舰首撞击敌舰。第二，用带绳子的钩子钩住敌舰，把它们拉过来，这样士兵们就可以跳到敌舰的甲板上与敌人短兵相接，就像陆战一样。

爱奥尼亚海

克里奥佩特拉的战舰扬帆远航

战舰一进入开阔的海域，克里奥佩特拉就知道，她能成功地逃出去了。她无心恋战，一直向前逃跑。这个决定，也许是她和安东尼共同作出的行为。实际上这是一个明智的决定。她希望能保护好战舰与财宝，以便有一天东山再起。安东尼也设法在她之后逃了出来，但他的许多战舰却不能幸免。他的多数投降了屋大维。其他绝大多数战舰被击毁，很多士兵被杀死，没死的绝大多数投降了屋大维。

失败与耻辱

亚克兴角之战大败之后,安东尼陷入了绝望之中。他躲藏在亚历山大港外的法罗斯岛上的灯塔里,拒绝见任何人。克里奥佩特拉并不气馁,她决心重振埃及昔日之威。她的密探告诉她,屋大维没有足够的黄金做军费开支,所以不会马上来追击她,但是克里奥佩特拉明白屋大维早晚会来,因为他需要埃及的财富。安东尼也恢复了勇气,从藏身处走了出来,王宫内再一次歌舞升平,盛宴不断。亚克兴角之战差不多一年之后,消息传来,罗马军队即将来犯。克里奥佩特拉给屋大维送去了一封信,信里说,如果屋大维允许她的孩子统治埃及的话,她宁愿放弃王位。屋大维没有答应,显而易见,屋大维自己想成为埃及的统治者。安东尼集结他的军队,出城去迎战屋大维。

班师回朝

亚克兴角之战过后,克里奥佩特拉的战舰上,高悬着旗帜驶入亚历山大港,好像是她取得了辉煌的胜利。她害怕如果她的敌人得知她大败而归,会阻止她进城。

到红海岸边

为了保全她的战舰不被罗马人击毁,她命令把战舰拖到岸上,由陆路从地中海运到红海。但是,克里奥佩特拉的一个敌人兼邻居——纳巴特国王,放火把她的战舰全部烧毁了。

石雕

技艺高超的石匠们,为克里奥佩特拉打造陵墓,他们在石头上雕刻出漂亮的图案。

宏伟壮丽的陵墓

克里奥佩特拉知道一旦屋大维攻入埃及,后果将不堪设想。她开始研制毒药,并且命令工匠日夜为她建造陵墓。

金银珠宝

陵墓一建成,克里奥佩特拉就命人把她的财宝都藏到里面去。她相信死后,她的灵魂仍会享用它们。更重要的是,她要为她的金银珠宝找一个安全可靠的藏身之所。克里奥佩特拉宣布,一旦罗马军队攻入亚历山大港,她就将把她陵墓中的财宝焚之一炬。

希腊金耳环

> 所有人都发誓,团结起来战斗到死,直到他们举杯畅饮欢庆胜利的那一天。
>
> ——《马克·安东尼传》
> 普卢塔克著
> (公元75年)

埃及的财富

屋大维之所以要入侵埃及,是因为他需要埃及的黄金。有人说,他把克里奥佩特拉的财宝全都熔化掉,然后铸成金币支付军费开支。

埃及出产像绿松石、黄金这样珍贵的宝石和金属,它们被用来打造成漂亮的首饰

一只金鹰,这象征着古埃及的太阳神霍拉斯

皇陵

克里奥佩特拉的陵墓可能就建在托勒密皇家墓地之内、亚历山大大帝的陵墓附近。

对于希腊人和埃及人来说,美观的陵墓相当重要,他们相信,死去的人的灵魂就住在这些"房子"里

狄恩瑟斯手中拿着一串葡萄,这是葡萄酒的象征

狄恩瑟斯

安东尼相信,酒神狄恩瑟斯是他的保护神,甚至有时候他感到自己就是狄恩瑟斯。历史学家普卢塔克讲了这样一个故事:在屋大维的军队进入亚历山大港的前夕,市民们听到了渐渐离城远去的笑声和脚步声。他们说,这表明狄恩瑟斯已弃安东尼而去。

狄恩瑟斯是酒神,也是歌神及笑神

安东尼之死

当安东尼的大部分士兵拒绝再为他打仗的时候,他被迫逃跑。安东尼感到羞耻,他把一切都归咎于克里奥佩特拉。由于害怕安东尼发怒,克里奥佩特拉把自己锁在陵墓内,并派人带信给他说她死了。绝望之中,安东尼用一把匕首结束了自己的性命。当听到安东尼自杀的消息,克里奥佩特拉非常难过,马上派人把他抬到自己身边,但为时已晚,安东尼最终死在她的怀抱中。

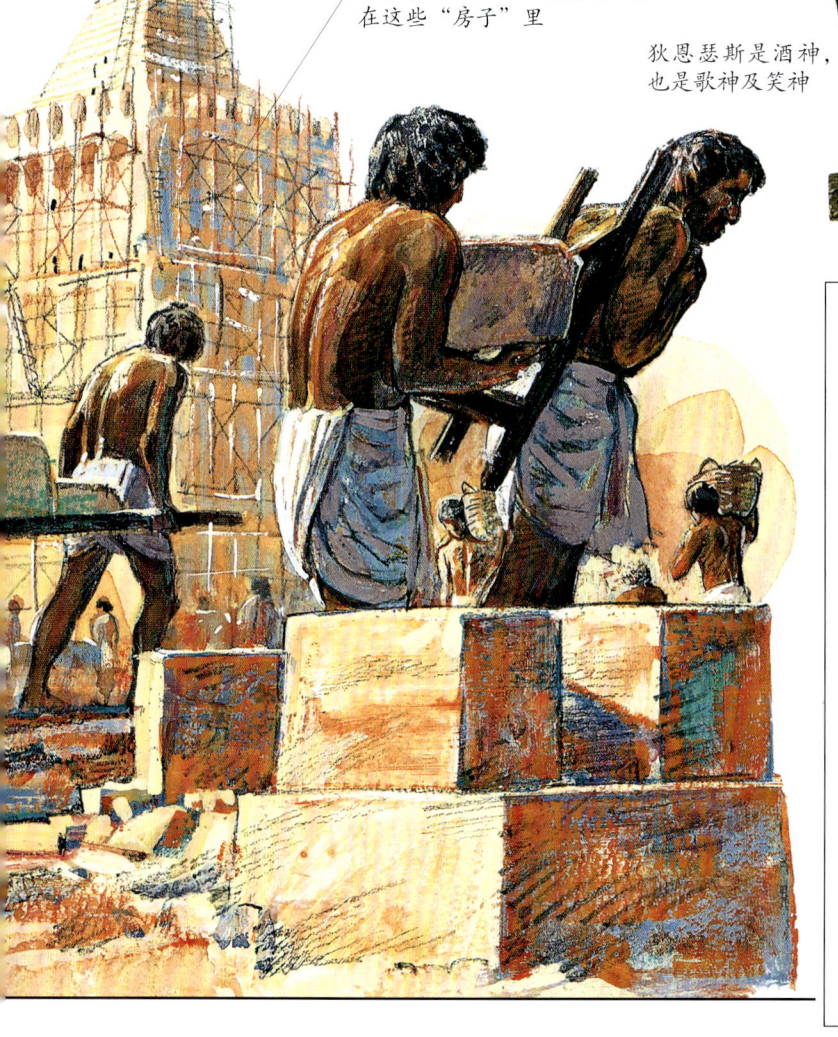

克里奥佩特拉之死

公元前30年，在安东尼自杀几周之后，克里奥佩特拉也结束了生命。从此，埃及被罗马所征服、所统治。克里奥佩特拉是埃及托勒密王朝最后一位统治者，也是埃及最后的法老。她的死标志着古埃及3000多年文明与辉煌的光荣历史终结了。尽管她尽了最大的努力去保卫自己的国家，尽管她绝顶聪明、美艳迷人，但她抵抗不住强大的罗马军队。安东尼死后，罗马军队包围了克里奥佩特拉的陵墓，并且把她关押在那里。屋大维对她很宽容，允许她安排安东尼的葬礼，并且他还亲自参加了安东尼的葬礼，但是屋大维不允许克里奥佩特拉的孩子代表罗马统治埃及。面对这样的局面，克里奥佩特拉决定一死了之。她不能容忍由外国人来治理她的国家。她死了，埃及失去了一位最著名的女性。

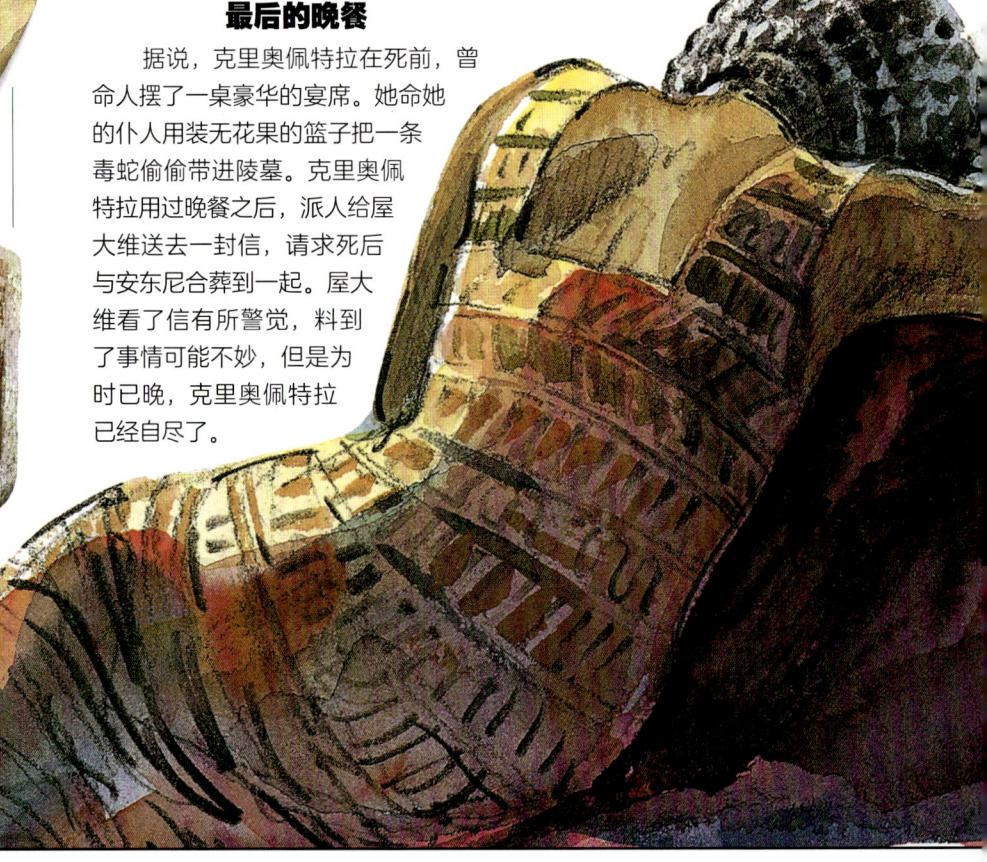

雕刻与圆柱

从这座墓碑中，可以看出托勒密时代的建筑风格，通往克里奥佩特拉陵墓的大门可能就是这个样子。

有人说："这（指自尽）是好事！""确实相当不错。"她（克里奥佩特拉）说，"这适合王室传人的体面和身份。"

——《马克·安东尼传》
普卢塔克著
（公元75年）

最后的晚餐

据说，克里奥佩特拉在死前，曾命人摆了一桌豪华的宴席。她命她的仆人用装无花果的篮子把一条毒蛇偷偷带进陵墓。克里奥佩特拉用过晚餐之后，派人给屋大维送去一封信，请求死后与安东尼合葬到一起。屋大维看了信有所警觉，料到了事情可能不妙，但是为时已晚，克里奥佩特拉已经自尽了。

守护着死者的女神们

这幅雕在石棺上的画，表现的是女神伊西斯和她的妹妹奈菲西斯正在守护一具尸体的情景。按照埃及的传说，她们能使死去的人再生。

神秘的结局

人们从未发现过克里奥佩特拉的尸体,历史学家们也无从考证她究竟是怎么死的。据说,她研制过毒药,甚至还拿她的奴隶做过试验。

被毒蛇咬死

关于克里奥佩特拉之死,传闻最多的是她是被一种叫角蝰的毒蛇咬死的,但是一条毒蛇不能同时咬死她和两名侍女。

无花果,一种甜水果,是当时很受欢迎的美食

据说被角蝰蛇咬后,人可以很快且无痛苦地死去

忠实的仆人

人们发现,克里奥佩特拉忠实的侍女艾拉斯和查米恩也躺在她的身边死去了。她们可能以为,她们死后仍可以服侍克里奥佩特拉。

查米恩是最后一个死去的

克里奥佩特拉让毒蛇咬了自己,不一会儿她就死去了

克里奥佩特拉有意打扮成她最喜欢的女神伊西斯的样子,埃及的法老和王后们都尊伊西斯为埃及特别的保护神

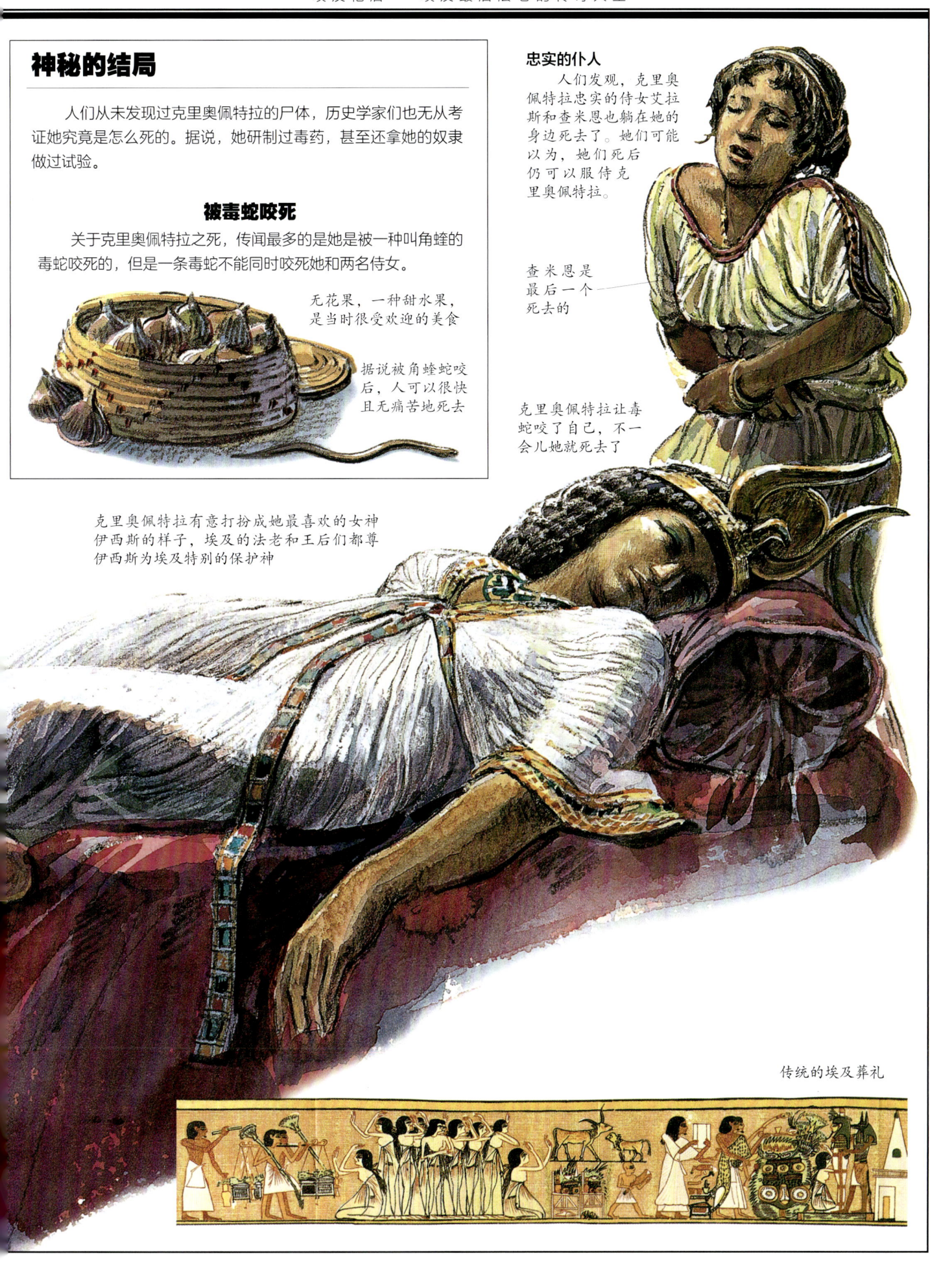

传统的埃及葬礼

克里奥佩特拉时代过后

克里奥佩特拉之死,为屋大维及其罗马军队彻底征服埃及铺平了道路。公元前30年,屋大维宣布自己为埃及的新统治者。为了向世人展示他们已取得了对埃及的控制权,罗马士兵毁坏了古埃及的文化古迹,损毁了官方文件——这其中包括克里奥佩特拉统治埃及时,所建造的大部分纪念性建筑及重要文件资料。在之后的近500年里,埃及成了罗马帝国的一部分,由罗马任命的总督来管理。亚历山大港仍然是一个繁荣的学术及贸易中心,但是,埃及其他地区却逐渐走向没落和衰退。

人们一眼就可以看出,尼罗河鳄的图案是埃及的象征

被占领的埃及

公元前28年,罗马统治者屋大维发行了这样一枚硬币,上面有"埃及被占领"这样的拉丁文字。这是为了纪念克里奥佩特拉及安东尼之死,同时也是为了庆祝罗马人征服埃及。

这座石雕头像,也许表现的是克里奥佩特拉的大儿子——凯撒里恩。埃及陷落后,他曾试图逃往叙利亚,但却被他的私人教师出卖了。屋大维下令处决了他

克里奥佩特拉的孩子们

历史学家们认为,克里奥佩特拉其他的孩子——克里奥佩特拉·塞勒涅、亚历山大·赫利俄斯和托勒密·费拉德尔甫斯被带到罗马,和安东尼的妻子奥古特维亚一起生活。从此,男孩们再无任何消息。有传闻说,克里奥佩特拉·塞勒涅嫁给了毛里塔尼亚(非洲北部的一个国家)的国王袭巴,她给她的一个儿子取名叫托勒密。

向英雄致敬

屋大维彻底完成其征服埃及的大业之后,前去祭拜位于亚历山大港的亚历山大大帝的陵墓。克里奥佩特拉和托勒密家族成员都是亚历山大大帝的将军的后代。当有人问起屋大维,是否要去祭拜托勒密家族的陵墓时,他答道,他是来向英雄表示敬意的,不是来看望死去的国王和王后的。

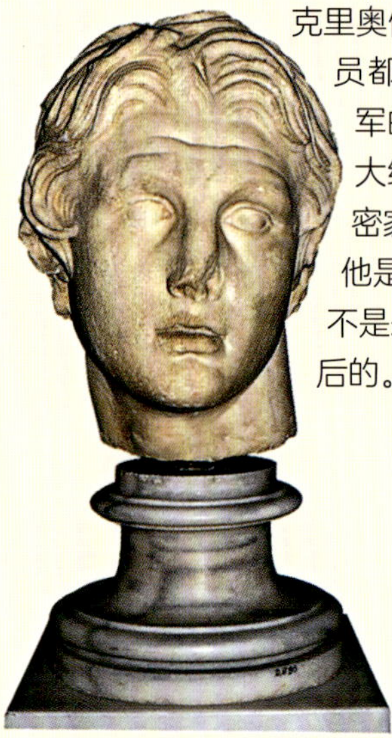

亚历山大大帝(公元前356—前323年)

克里奥佩特拉在历史上的地位

克里奥佩特拉之死,标志着古埃及历史上鼎盛时期的结束。

波斯国王统治埃及(公元前343—前332年)

托勒密王朝统治埃及(公元前232—前30年)

克里奥佩特拉统治埃及(公元前51—前30年)

公元前500年 | 公元前400年 | 公元前309年 | 公元前200年 | 公元前100年 | 公元

亚历山大大帝征服埃及(公元332年)

亚克兴角之战爆发(公元前31年)

胜利的屋大维

克里奥佩特拉死去一年之后，屋大维下令举行了盛大的胜利大游行，来庆祝征服埃及。安东尼的妻子和克里奥佩特拉的孩子们有可能被迫参加了这次游行。

游行队伍还高举着缴获来的克里奥佩特拉的金银珠宝，作为胜利品，向世人展示

武器、盔甲及其他战利品也在游行中展出

被俘的将领及其家人都被铁链锁着走在游行队伍中

月桂树叶

传统上，罗马的胜利者都戴上用月桂树叶编成的桂冠。

罗马统治下的埃及

埃及被罗马征服后，它被称为"罗马帝国的粮仓"。罗马帝国需要大量的小麦，来供养它庞大的军队以及迅速膨胀的城市人口，尤其是罗马城。在罗马，埃及出产的其他物品也很受欢迎，如优质的亚麻布、纸莎草纸以及香油。埃及的学者、诗人、科学家以及角斗士，在罗马帝国都是相当有名的。

儒略历

公元前46年，罗马统治者尤利乌斯·凯撒对罗马的日历做了修改，他们采用了在亚历山大港工作的埃及和希腊天文学家共同发明的科学计时方法。在历代托勒密的统治下，亚历山大港成为一个伟大的学术中心，像凯撒这样的来访者不断地把埃及的新思想、新发现带回罗马。

这个袖珍日晷，是用太阳照射指针投下的影子来测量时间；古埃及的天文学家是最先利用太阳的移动来计时的

小麦

优质的纸张

纸莎草纸被运送到罗马帝国的每一处地方。

被遗忘的英雄

屋大维曾下令毁坏了大部分马克·安东尼的雕像，但是，富有的亚历山大人自愿出钱保护克里奥佩特拉的雕像。在埃及，安东尼可能被人遗忘了，但是，他的形象留在很多罗马货币上，他还是三个罗马皇帝——卡里古拉、克劳狄乌斯和尼禄的祖父和曾祖父。

马克·安东尼

公元前31屋大维成为罗马帝国的第一位君主（公元前27—公元14年）

| 公元100年 | 公元200年 | 公元300年 | 公元400年 | 公元500年 | 公元600年 |

罗马帝国分裂，西罗马以罗马城为中心，东罗马以土耳其的君士坦丁堡为中心（公元395年）

罗马皇帝君士坦丁宣布，基督教为包括埃及在内的罗马帝国的国教（公元324年）

西罗马帝国土崩瓦解（公元476年）

来自中东的阿拉伯人，把伊斯兰教带到了埃及（公元600—900年）

克里奥佩特拉的故事
——事实与虚构交织

克里奥佩特拉七世是迄今为止世界上最著名的女性之一。她的故事在2 000多年里一直激发着诗人、剧作家和艺术家的创作激情与灵感,她的故事也一直令我们心驰神往。事实上我们对她所知甚少。她生活的细节无从查找,有关她的记录也湮没在历史长河中,成了永远的谜。我们只能从残存下来的她在位时的官方文件中,探测到一些她的思想、她的行为;只能从一些雕刻及雕像中,了解到她的面貌、长相。我们所拥有的有关克里奥佩特拉的记载,大多出自希腊及罗马作家之手,而这些人是不喜欢她的。

古埃及象形文字
克里奥佩特拉的名字,被人用古埃及象形文字刻到神庙的墙上或王室的法令上。

古埃及的钱币常常是唯一保存下来的可见的实物证据

克里奥佩特拉王后
包括克里奥佩特拉在内的一些托勒密的王后们,都发行过带有她们雕像的货币。这些货币上的形象都很漂亮,而且很可能是为了塑造一个好的公众形象。这枚金币上的雕像是另一位托勒密王后——克里奥佩特拉一世。

希腊名字
希腊文是克里奥佩特拉统治时期埃及的官方语言,所以,她的名字也像这样被用希腊文雕刻或记载下来。

王后的雕像
我们可以断定,这是一座托勒密王后的雕像,因为它戴着王冠,梳着精致的希腊发式,头顶还有螺旋形的发卷。这是克里奥佩特拉一世或二世的头像。

哪一个是克里奥佩特拉七世
很多带有克里奥佩特拉字样的雕像都保存了下来,但是,托勒密王朝至少有过7个叫克里奥佩特拉的女性,而克里奥佩特拉七世是最后一位。

沉入海底的亚历山大城
今天的亚历山大港是一座现代化的大城市,但是,克里奥佩特拉居住过的亚历山大港,却在公元14世纪发生的一场地震中被洪水淹没了。1992年,法国考古学家弗兰克·戈德里奥和一群潜水员开始探寻该部分的遗址。他们已经发现了很多雕像和工艺品,他们期望也能成功地发现克里奥佩特拉王宫的遗迹。

从传闻到历史

希腊历史学家普卢塔克（公元50—120年）曾在他所著的《马克·安东尼传》一书中描述过克里奥佩特拉。普卢塔克是在克里奥佩特拉死后大约100年开始写这本书的，所以，他的书主要是基于他的祖父兰普里阿斯收集的当时目击者口述的资料和已经无从查寻的古代文件而写成的，我们很难断定他的叙述是否完全属实。

普卢塔克

英雄对比

普卢塔克的《马克·安东尼传》是一本对比描述古希腊及古罗马英雄的书。

安东尼和克里奥佩特拉

在克里奥佩特拉死去1500年后，英国剧作家威廉·莎士比亚（公元1554—1616年）受普卢塔克的书的启发，创作了一部关于克里奥佩特拉及其情人安东尼的故事。

威廉·莎士比亚

好莱坞巨片

1963年，好莱坞电影制片人完成了一部关于克里奥佩特拉和安东尼的鸿篇巨著。它是由一对银幕伉俪——伊丽莎白·泰勒和理查德·波顿主演，但这部电影并没有精确地再现历史。上图是剧中克里奥佩特拉在摆设豪华盛宴，款待宾客的画面。

迷人的传说

古往今来，作家、艺术家以及后来的电影制片商，都对克里奥佩特拉的故事心驰神往，憧憬不已。艺术家劳伦斯·阿尔玛－塔德玛（公元1836—1912年）构思了这样一幅图画。画面上克里奥佩特拉正在塔色斯等待安东尼的到来。

《坚持，克里奥！》

关于克里奥佩特拉的故事，既有喜剧风格的也有悲剧风格的。1965年，喜剧电影《坚持，克里奥！》，把克里奥佩特拉描绘成一个迷人、强悍、权力欲极强但并不适合当女王的女人。从古至今，人们对女人做统治者总有抵触情绪，不承认她们能够真正治理一个国家。

现代戏剧

威廉·莎士比亚的戏剧——《安东尼和克里奥佩特拉》生动地再现了克里奥佩特拉和安东尼的爱情悲剧。对于女演员来说，塑造克里奥佩特拉这个女强人的形象，是一个巨大的挑战，也是得之不易的机遇。在1999年于伦敦上演的这部戏中，克里奥佩特拉一角，由世界著名巨星海伦·米兰饰演。

DK 儿童探索百科丛书

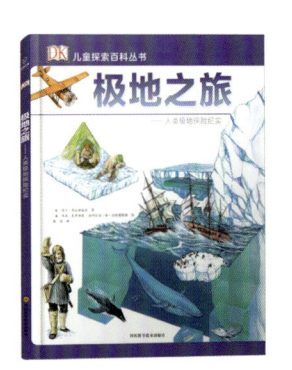

权威的百科丛书　严谨的历史视角　生动的故事叙述

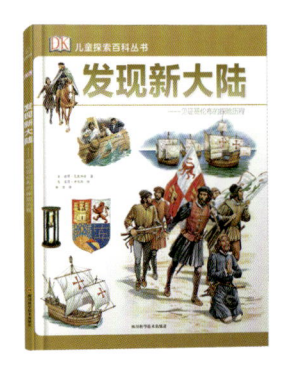

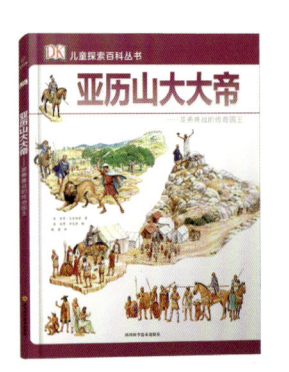

细腻的手绘插图　震撼的现场照片　精美的超长拉页

全方位展示一幅幅史诗级的历史画卷

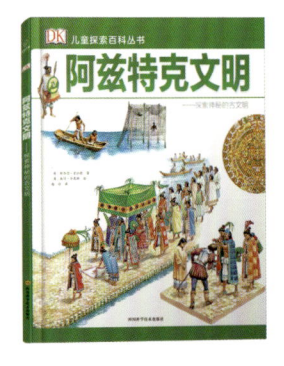

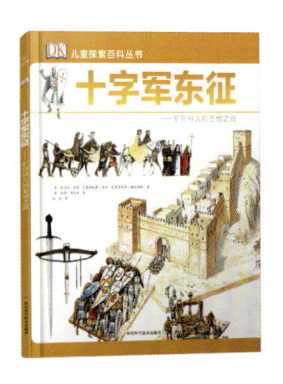

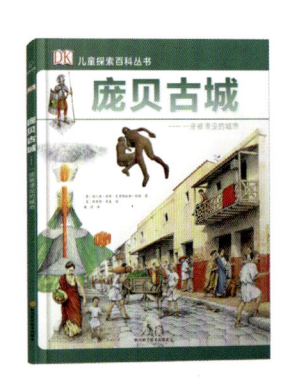